经济日报记者丛书

三农瞭望

乔金亮◎著

经济日报出版社

图书在版编目（CIP）数据

三农瞭望 / 乔金亮著 . -- 北京：经济日报出版社，2023. 6

ISBN 978 - 7 - 5196 - 1325 - 9

Ⅰ. ①三… Ⅱ. ①乔… Ⅲ. ①三农问题 - 研究 - 中国 Ⅳ. ①F32

中国版本图书馆 CIP 数据核字（2023）第 094089 号

三农瞭望

作　　者	乔金亮
责任编辑	李晓红
责任校对	李亚菲
出版发行	经济日报出版社
地　　址	北京市西城区白纸坊东街 2 号 A 座综合楼 710（邮政编码：100054）
电　　话	010 - 63567684（总编室） 010 - 63584556（财经编辑部） 010 - 63567687（企业与企业家史编辑部） 010 - 63567683（经济与管理学术编辑部） 010 - 63538621　63567692（发行部）
网　　址	www. edpbook. com. cn
E - mail	edpbook@ 126. com
经　　销	全国新华书店
印　　刷	北京九州迅驰传媒文化有限公司
开　　本	710 毫米 × 1000 毫米　1/16
印　　张	21. 5
字　　数	253 千字
版　　次	2023 年 6 月第 1 版
印　　次	2023 年 6 月第 1 次印刷
书　　号	ISBN 978 - 7 - 5196 - 1325 - 9
定　　价	58. 00 元

做党和人民信赖的合格新闻工作者

“做党的政策主张的传播者、时代风云的记录者、社会进步的推动者、公平正义的守望者。”这是习近平总书记在党的新闻舆论工作座谈会上，对广大新闻舆论工作者提出的明确要求和殷切期望。

经济日报创刊40年来，在风云激荡中引领思想，在众声喧哗中回应民意，忠实记录了中国改革开放以来波澜壮阔的光辉历程，见证了经济跨越、社会进步和国家富强，谱写出无愧于时代的华彩篇章。

与时代同步、与人民同行。40年来，经济日报涌现出一大批优秀的党的新闻工作者，他们不忘初心、牢记使命，坚持正确的政治方向、舆论导向、新闻志向和工作取向，在弘扬传统中持续深化改革创新，在改进报道中不断讲好中国故事。

人才是事业发展的根本保证，提升新闻传播力、引导力、影响力、公信力，离不开一支高素质的新闻人才队伍。多年来，经济日报社高度重视人才队伍建设，不断创新人才培养方式方法，持之以恒地为记者成长成才提供平台、创造空间。

近两年，我们为12名青年记者同时开设个人言论专栏，是一次成功的探索和尝试，这在中央党报乃至整个中国新闻界都是不多见的。我们遴选的这批记者拥有多年跑口经验，既具备研究素养，又有大众化传播才华，陆续开设《每周经济观察》《国际经济观察》《忠阳车评》《三农瞭望》《粮食大事》《市场监管》《香江观察》《财金视野》《科创之声》《房地产周评》《能源广角》《文体市场面面观》等12个固定评论专栏。这些专栏具有个人风格和专业特色，其针对社会现象和舆论热点的立场表达，是对编辑部文章、社论、评论员文章等重要评论的补充和延伸，满足了不同类型读者的阅读需求，对于放大主流观点、凸显经济特色起到了独特作用。

目前，经济日报已构建起由编辑部文章、评论员文章、一版“金观平”文章、12名青年记者个人专栏、时评版以及“头条热评”等组成的评论传播矩阵，“评论立报”的格局初步形成，并与“调研兴报”“理论强报”“开门办报”一起，成为推动经济日报高质量发展的工作重点。

媒体融合发展时代，在新闻越来越难以实现“独家”的前提下，立论就是立报之本，要以权威观点、独到视角和理性分析获得优势、占据主导。实践证明，无论媒体生态如何变化，无论传播方式如何迭代，一篇有思想、有温度又兼具良好阅读体验的评论文章，一个集“颜值”“言值”和“研值”于一体的评论专栏，其本身就是闪光、有力且自带流量的。

一批评论专栏能赢得受众、成为品牌，是与专栏记者的努力分不开的，是与同志们悉心培养、全力推动分不开的。

在我看来，尊重才华，尊重个性，给年轻同志开专栏，既是提高报纸质量的重要方式和有力举措，也是培养优秀新闻人才队伍的重要方法和有效途径。报社成就着记者，记者也在成就着报社，二者是共生共荣、一同成长的发展共同体。

总体看，12个个人专栏评论时效性强、热点抓得准，兼具了高度、深度和广度等特点，但也要看到，因为多种因素制约，这些专栏文章还存在不足。差距是潜力也是动力，青年记者要继续在实践中增强“四力”，既要掌握好信息的第一发布权，也要掌握好第一解释权，守好新闻舆论阵地，引导好社会预期。

以笔为犁千秋业，只在承前启后中。习近平总书记指出，“我们这一代人，继承了前人的事业，进行着今天的奋斗，更要开辟明天的道路”。在新时代新征程上，唯有踔厉奋发、笃行不息，方能成为一名党和人民信赖的合格新闻工作者。

（作者系经济日报社社长兼总编辑）

目 录

Contents

三农瞭望

乡村建设行动要建物也要树人

自党的十九届五中全会提出实施乡村建设行动以来，乡村建设成为社会关注的热点，相关新闻接连不断。农业农村部负责人近日表示，“十四五”时期农业农村发展要干好三件大事，乡村建设行动是其中之一。日前，国家卫健委负责人明确指出，允许医学专业高校毕业生免试申请乡村医生执业注册。笔者认为，乡村建设行动要加快补齐农村短板，农村现代化和农业现代化一体设计，物的现代化和人的现代化一并推进，基础设施和公共服务一同发力。

如今，乡村面貌发生了巨大变化，建制村100%通了硬化路，光纤覆盖率超过98%，农村居民收入提前实现了翻一番的目标。不过，很多人感受到，农村和城市还是一条腿长、一条腿短，“到大城市看是发达国家，到中西部农村看是发展中国家”。农业农村优先发展制度尚不完善，乡村振兴的“人、地、钱”要素支撑不足。一些地方重城轻乡，城市发展一马当先，农村工作排不上号，乡村建设被甩在了后边。

不少人认为，只要城镇化搞好了，大量农民进城了，农村问题也就迎刃而解了。事实上，无论城镇化如何发展，农村人口规模仍然很大，农村的功能会持续彰显。改革开放之初，农村主要是为全社会提供农产品、为工业化提供资金积累。此后，又增加了提供土地和劳动力的功能。近年来，乡村多元价值不断得到发现，并对城市产生了逆向辐射。可以说，人民对美好生活的需要，既有实现“城市让生活更美好”的理想，也有“乡村让心灵更向往”的渴望。

实施乡村建设行动有特殊意义。推进“双循环”新发展格局的潜力在农村，重点也在农村。从投资看，乡村建设无论是产业发展，还是基础设施和公共服务建设，都需要大量资金。从消费看，农民年人均可支配收入在“十四五”期间将突破 2 万元，增加的收入中会有很大一部分用于改善生活消费。可见，农村有广大的市场、广阔的投资空间，农民从“不讲究”转向“不将就”，投资和消费持续提质扩容，会释放出巨大的内需潜力。

尽管乡村建设行动一词进入中央文件是首次，但乡村建设的实践一直在持续。毋庸讳言，以往一些乡村建设项目之所以失败，很大程度上在于对乡村价值及规律缺乏认识。一些地方把乡村建设简单理解为“钱多盖房子，钱少刷房子，没钱立牌子”，以为道路硬化、路灯亮化、农民上楼就是全部内容，对增加农民收入、保护农村生态、完善乡村治理等见效慢的工作重视不够。同时，还有个别地方为发展农业而伤害农民，为村居改造而影响农民生计。

笔者认为，乡村建设行动可以有多种路径，但无论如何都不能违背农业的特点，不能违背农民的意愿，不能违背乡村发展的规律。如果简单排斥农民、破坏乡村形态，甚至发生诸如强制合村并居、农民被上楼等，必然影响农民幸福感，这是对乡村的破坏而非建设。乡村建设的目的是提升农民幸福感，因而要关注农民的多元需求。乡村建设只有尊重和依靠农民，文化才能传承，产业才能兴旺，治理才能有效。无论是政府部门还是社会组织，都不能越俎代庖。

没有物的建设，农村必然落后。但是，如果没有人的建设，农村也得不到全面发展。乡村建设是一项系统工程，要把握好软硬件之间的平衡，既离不开基础设施和产业支撑，也要重视精神文明、生态文明和政治文明建设。为此，必须加快补齐乡村建设短板，为城乡居民提供基本均等化的公共服务，推动实现城乡居民基本生活条件大体相当。把脱贫攻坚形成的整套有效办法移植到乡村振兴中，全面推进乡村产业、人才、生态、文化、组织“五大振兴”。

（刊发于 2020 年 11 月 24 日时评版）

乡村是消费增长“新一极”

日前召开的国务院常务会议提出坚定实施扩大内需战略，强调更大程度释放农村消费潜力。“双 11”网络购物节以来，电商企业对乡镇和农村下沉市场的竞争日益白热化，小镇青年和农村青年的消费能力获得了市场认可。笔者认为，乡村成为消费增长的“新一极”，要以扩大乡镇消费为抓手带动农村消费，让农民敢消费、能消费、会消费。

乡村市场成为行业热点并不奇怪。我国农民人均可支配收入已突破 1.6 万元，收入增速连续 10 年高于城镇居民。同时，农村消费环境不断改善，移动支付和农村电商蓬勃发展。这使得农民人均消费支出增长率连续多年超过城镇居民。更重要的是，农村居民的消费结构正发生改变，以往占绝对地位的基本生存消费比例正慢慢下降，非商品支出比重在慢慢上升。

不过，农村消费市场结构依然不合理，多重因素影响了农民消费热情的释放。

从主观条件看，存在“无钱”消费问题。尽管农民收入增速高于市民，但增长速度逐年下降，收入绝对值依然与市民差距很大，这是启动农村消费市场的最大障碍。对传统种粮农民来说，预期收入受粮食价格、自然风险等不可控因素影响较大；对传统务工农民来说，一般是在务工城市维持最低程度消费，再把积累的钱带回村里进行大额支出。

退一步说，即使更有钱了，但舍不舍得花，愿意往什么地方花，则是另一回事。在城乡二元格局下，农民住房、教育、医疗、社保等保障程度相对城市较弱，往往需要自身不小的投入。即使农民手头上有些积蓄，他们大多会捂紧口袋，不敢随意花钱，中老年农民尤其如此。在中西部农村，大部分人消费依旧是以满足日常生活消费为主，享受型消费仍处于初级阶段。

从客观条件看，存在无处消费问题。尽管农村电商发展较快，但传统农村消费市场硬件建设依然存在“卡脖子”环节。据统计，全国 33% 的乡镇没有商品市场、53% 的村没有综合商店、70% 的村没有餐馆，需要补齐。农村市场经营品种少，商品档次低，业态单一，农民有需求时不得不到城市消费。

短板就是机会。可以预期，今后农村消费市场大有可为。农民收入在增长，人均年收入在“十四五”期间将会突破 2 万元，消费有望持续扩容。农民消费在升级，从“不讲究”转向“不将就”，生活改善型消费日益增多。农村市场在培育，市场主体针对农民消费习惯和消费热点的产品不断推出。对此，更要顺应规律，打好农村消费提质扩容组合拳。

收入是决定农民消费能力的第一要素，要让农民敢消费。要畅通农民农产品销售和外出务工渠道，稳住农民最重要的两部分收入来源。要发展普惠金融，提高金融为农民服务的能力和水平，充分满足大户、农场主等新型主体的消费升级需要。要完善农村社会保障体系，从而提高农民整体面对经济环境变化、商品价格波动的抵抗力。

互联网是农村消费市场的最大变量，要让农民会消费。把手机作为开拓农村消费市场的新阵地，用好移动互联网这个新工具，增加农民消费的便捷性和可选性。目前，全国乡镇快递网点覆盖率已超过97%，要让电商企业在农村市场扎下根，更好地服务农村消费者。鼓励农民提高消费层次和消费质量，引导其增加在文化、教育、旅游等方面的消费。

商业网点是农村消费可达性的核心硬件，要让农民能消费。当务之急，是要以乡镇为重点逐步辐射开来，提升农村商贸水平，加大商业网点设施建设。从农民多样性需求出发，培育多渠道、高效率农村市场体系，满足不同层次、不同群体农民的消费需要，让更多商品和服务以更低成本、更快速度、更好质量到达农民身边。

（刊发于2020年12月1日时评版）

像抓脱贫攻坚那样抓乡村振兴

日前，中共中央政治局常务委员会召开会议，听取脱贫攻坚总结评估汇报。会议指出：“我们如期完成了新时代脱贫攻坚目标任务，现行标准下农村贫困人口全部脱贫，贫困县全部摘帽。”这无疑是令全世界刮目相看的重大胜利。明年起，“三农”工作重点将从集中力量脱贫攻坚转向全面推进乡村振兴，应以脱贫攻坚的办法推进乡村振兴，以乡村振兴的办法巩固脱贫成果，像抓脱贫攻坚一样抓乡村振兴。

经过接续奋斗，我国消除了绝对贫困和区域性整体贫困，但低收入人口的大头仍分布在农村，农村相对贫困问题的解决还需时日。实现脱贫攻坚与乡村振兴有效衔接，必须建立完善相应的体制机制。以脱贫攻坚的办法推进乡村振兴，意味着把脱贫攻坚形成的一整套行之有效的办法借鉴移植到乡村振兴中；以乡村振兴的办法巩固脱贫成果，意味着以乡村振兴的手段，激发农村内生动力，让农民从告别贫困走向全面发展。

随着贫困县摘帽，一些挑战也日益显现。客观上，一些脱贫农户抵御风险的能力还不强，一旦遭遇变故可能返贫致贫。一些脱贫村的社会治理对驻村工作队的依赖依然较高。不少脱贫县只是解决了基本问题，自我发展能力依然不强。脱贫产业已经结果但还没成为大树，产品附加值还是偏低。主观上，一些地方认为脱贫摘帽就可以“到站下车”了，没有认识到下一站是乡村振兴、农民富裕。一些基层干部对特惠性政策有心理依赖，对摘帽后农村如何持续发展考虑不足。

脱贫摘帽不是终点，而是新的起点。脱贫攻坚和乡村振兴虽对象一致、工作连续，但前者重点解决农村绝对贫困群体“两不愁三保障”问题，后者主要解决“三农”问题和城乡差距问题，更具综合性、持久性，也更艰难。全面建设现代化国家，不能丢了农村这一头。在脱贫攻坚取得重大胜利之际，要继续把农业农村发展作为现代化建设的优先任务，强化以工补农、以城带乡，重点做到“三个接续”。

接续机制。脱贫攻坚中形成了责任机制，呈现“五级书记抓脱贫、全党动员促攻坚”的局面。在推进乡村全面振兴中，也应强化“一把手”责任制，把“五级书记抓乡村振兴”落到实处。在脱贫攻坚工作中形成了精准严实的工作作风和齐抓共管的工作模式，也应运用到乡村振兴工作中，做好工作体系、考核机制有效衔接，为推动农业农村工作提供有力保障。

接续投入。“十三五”时期，中央财政不断健全脱贫攻坚的投入保障机制，累计安排补助地方专项扶贫资金 5305 亿元，支持地方多渠道筹集易地扶贫搬迁资金近 6000 亿元，引导金融机构累计投放扶贫小额信贷超 6000 亿元。全面实施乡村振兴战略，历时更长、覆盖面更大、要求更高，更需要真金白银地投入，确保“弹药”充足。建议正在制订中的乡村振兴促进法应就财政投入、土地出让收入、资金基金、金融服务等作出规定，落实农业农村优先发展要求。

接续产业。发展产业是脱贫攻坚与乡村振兴的直接衔接点，不仅支撑防止农户返贫，也支撑乡村全面振兴。目前，很多扶贫产业发展还是托底式帮扶，今后应更着眼于帮助农产品提高市场竞争力，根据形势变化完善产业规划，对已有产业配置生产要素、完善产业体系。推动脱贫地区特色产业由快速覆盖向长期发展转变，由重点支持贫困村、贫困户向脱贫地区全域覆盖、全体受益转变。

唯有如此，才能把14亿多中国人的饭碗端得更牢，让广大农民生活得更美好，把农村建设得更加生态宜居。

（刊发于2020年12月8日时评版）

小宗农产品调控不宜直接干预价格

近期，葱姜蒜价格上涨引发社会关注。一度流行的“蒜你狠”“姜你军”“向前葱”等重新进入了人们的视野。对此，有观点呼吁政府应出手予以价格干预。小宗农产品涨跌本属正常，政府调控要“有所为有所不为”，尽量不直接干预价格，更多为农产品均衡上市创造条件。

我国农产品大体分为三类：一是粮棉油糖等重要农产品；二是蔬菜水果水产等鲜活农产品；三是以葱姜蒜为代表的小宗农产品。第一类是政策支持和稳产保供的重点，价格不完全靠市场形成，市场运行相对稳定；第二类和第三类是重要的菜篮子产品，本身高度市场化，价格波动极为频繁。目前，我国对重要农产品已有很完备的价格形成机制，但对鲜活和小宗农产品的市场调控还处在起步阶段，时常遭遇被动调控、调控过度或调控缺位等尴尬。

农业生产是自然再生产与经济再生产交织的过程，农产品价格必然受季节、气候、周期等因素影响在一定范围内波动。这种波动总体有利于优化资源配置，有利于行业优胜劣汰。因此，不能对农产品价格有苛刻的期待，希望其静如止水。所以，对鲜活和小宗农产品的市场调控必然是有限的，不能一有波动就出手，否则会扭曲价格机制。当然，也要避免过山车式的大起大落，要按照“有所为有所不为”的原则，确定重点品种和主要产区，明确调控的时机、方式、重点和目标。

总体看，小宗农产品的单户家庭消费量低，对其他农产品的价格传导弱，其价格波动主要源于种植面积、异常天气等因素造成的供应量波动，部分源于投机炒作。近年来，小宗农产品生产向优势区集中的趋势越来越明显，由于其相对耐储存，加之仓储条件改善，中间商采用冷库储存已成为常态。虽产地集中，但却是由散户种植，这导致投机炒作在一定程度上存在，但毕竟受制于整体供应形势，也无碍大局。

产地集中、分散种植、库存销售的特点，导致小宗农产品价格天然波动较大。6 月份至 8 月份是新蒜上市期，也是大蒜的休眠期，可在室温下安全储存。从 9 月份起，大蒜无法正常保存，蒜农必须在 8 月底前将全部大蒜出售给经纪人，放到储存商的冷库。因为库存量已定，9 月份至来年 5 月份间决定蒜价的主要因素是市场销售情况，储存商间的博弈影响了价格走势。

因此，有必要从稳定生产能力、促进均衡上市入手，建立健全小宗农产品市场运行调控制度。

明确目标，兼顾农民市民利益。市场调控的政策取向应聚焦促进市场均衡，对农产品价格不过多干预。在实践中，一些地方往往“调高”不“调低”，调控预案只在价格暴涨时启动。殊不知，价格暴跌必然影响来年的种植积极性，从而导致此后的报复性上涨。可见，保障市民基本生活和农民合理收益不可偏废。

明确方式，探索目标价格制度。蔬菜大省山东已试点蔬菜目标价格保险，各地不妨探索小宗农产品目标价格制度，将价格和补贴分离，在价格过低时补贴农民，在价格过高时补贴市民。目标价格可参照前 3 年集中上市期的平均收购价。在价格低时，保险机构按照合同约定，向参保农户赔付价格跌幅部分；在价格高时，政府采取发放涨价补贴等方式，减少对低收入群体生活的影响。

明确重点，做大做强专业农户。农产品产销信息不对称，市场预警体系不完善，导致农民“看不见、用不上”生产信息，是盲目跟风种植的根本原因。要尽快建立面向主产区农户的农业信息服务发布系统，合理引导种植户和市场预期，在获取信息和储藏两方面壮大农户力量。当然，从长远看，还要靠生产条件改善、贮藏设施技术提高等，这是个长期过程。

（刊发于 2020 年 12 月 15 日时评版）

为工商资本下乡立规矩

近期，工商资本下乡成为社会热点话题，一些工商资本租地乱象也引起关注。农业农村部负责人日前在答记者问时表示，对工商资本违反相关产业规划大规模流转耕地不种粮的，一经发现要坚决纠正，立即停止其享受相关扶持政策。对工商资本下乡，要鼓励务农、警惕“圈地”，既要激发其投资农业农村的活力，也要为工商资本下乡立规矩，完善资本下乡准入和监管制度，构建企业与农民的紧密型利益联结机制。

长期以来，农业农村缺少现代生产要素，资本下乡带来了资金投入和管理经验，不少地方借此在农业品牌化上取得成效。不过，有的工商资本下乡后以发展特色小镇、乡村旅游等名义，“跑马圈地”“圈而不种”，开展“非农化”经营管理，一旦经营不善就“跑路”，给农村留下诸多后遗症。有的工商资本下乡，搞大拆大建，破坏了当地生态环境，打破了农民原有的生活状态，也激化了双方矛盾。

应该说，工商资本在从事农业生产方面有优势，但也有不足，有适合的领域，也有不适合的领域，应扬长避短。要鼓励、引导、规范工商资本下乡，既保护企业在乡村投资的积极性，又保护集体和农民的利益不受侵犯。资本下乡不应偏离“三农”发展轨道，要确保不损害农民权益、不改变土地用途、不破坏农村生态环境，避免“富了老板，亏了老乡”。

要积极引导工商资本参与乡村振兴。从这个角度看，要激发社会资本投资农业农村的活力，为工商资本下乡提供良好的公共服务环境。各地要明确工商资本能够享受到的扶持政策及其前置条件，让市场主体形成明确预期。鼓励其进入适合企业化经营的，农民干不了、干不好、干不划算的领域，比如高效种养业、农产品加工业、平台型农产品电商等，这些大多是资本、技术密集型产业。以单体1公顷的高标准设施大棚为例，其投资上千万元，并非一般农户或农民合作社所能承受，恰恰是工商资本的优势所在。

要为工商资本下乡立规矩，完善准入和监管制度。工商资本租赁农户承包地要实行上限控制、分级备案、审查审核、风险保障金和事中事后监督，其核心要义是规范社会资本租赁和使用农地的行为。应严禁工商资本借政府或基层组织通过下指标、定任务等方式强迫农户流转土地。当前，全国已有1239个县（市、区）建立了农村土地经营权流转服务中心，要引导企业通过公开市场操作来流转土地，防止浪费农地资源，让农民成为土地流转的参与者和受益者。各地可以建立资本租赁农地风险保障金制度，防范资本“跑路”和农户权益受损。

对工商企业租赁耕地实行准入制度是有法律依据的。农村土地承包法明确规定，土地流转“受让方须有农业经营能力”“由本集体经济组织以外的单位或者个人承包，应对承包方的资信情况和经营能力进行审查后，再签订承包合同”。事实上，鉴于土地资源的稀缺性，为保护农民权益，提高土地产出率，许多国家都有限制工商企业直接经营农地的法律规定，在监管方面也有比较成熟的经验。

农业是永不衰退的朝阳产业，农村是大有可为的广阔天地。如果工商资本投资了农业农村，希望不要打侵占土地的主意。工商资本应真心从事现代农业，专注农业产业链，做一个百年老店。多办产业链条长、农民参与度高、受益面广的产业，把就业岗位更多留给农民，在带动农村同步发展、农民同步进步中实现企业自身价值。

（刊发于 2020 年 12 月 22 日时评版）

高标准农田要建好更要管好

中央经济工作会议提出，加强高标准农田建设。高标准农田建设是大力提升耕地质量的最主要抓手。实践中，高标准农田“三分靠建、七分靠管”，因此不仅要建好，而且要管好。

所谓高标准农田，就是田成方、渠成网，旱能灌、涝能排，这样的耕地抗灾能力强，适宜机械化作业，高产稳产。为了能有更多产出，我国农业资源长期透支导致耕地亮起“红灯”，北方土壤次生盐渍化，南方土壤酸化贫瘠化，东北黑土地越来越薄。高标准农田建设，通过平整农田、改良土壤、兴修水利等，有效提升了地力。没有健康的农田就没有健康的食品。高标准农田建设，不仅要以保障供给为任务，确保“吃得饱”，而且要以绿色发展为导向，实现“吃得好”。

“十三五”期间，我国大规模建设高标准农田，近两年每年新建约 8000 万亩，有力支撑了农业丰收。然而，截至目前，高标准农田仅约占全国耕地面积的四成，大部分耕地还处于待提升状态，农田基础设施薄弱的状况尚未根本改变。目前，全国一半的耕地没有灌溉条件或灌排设施，农业靠天吃饭的局面仍未从根本改变。日前，有关部门表示，2021 年计划新建 1 亿亩高标准农田。根据规划，到 2022 年我国要建成 10 亿亩高标准农田，有两大难点亟待进一步破解。

从建设角度看，难点主要是资金缺口。我国丘陵山区耕地面积占全国的一半以上，耕地条件较差，改造难度大，投入成本高。建设 1 亩高标准农田，各地普遍反映需要投入 2500 元以上，有些丘陵地区需要 5000 元。当前，受财力限制，大部分地区财政亩均投资仅在 1500 元至 1800 元。由于高标准农田建设涉及工程、农艺等，建设内容繁多，随着相关工作不断推进，待建设的农田地块位置更加偏远，加之施工材料和劳动力成本不断提高，投资缺口日渐增大。

从管护角度看，难点主要是主体缺位。当前，建好之后的管好用好是短板。各地普遍重建设、轻管护，不能有效落实工程管护主体和管护责任。在一家一户承包地上建成的田间工程设施产权不明晰，管护资金和措施不到位。不少地方缺少后续督导措施，缺乏管护奖惩机制，导致日常管护形同虚设，许多建设好的工程使用年限明显降低，相当程度上影响建设效益。

“十四五”时期，我国农业将处在转变发展方式、转换增长动力的攻坚期。高标准农田建设是农业高质量发展的基础，涉及区域广、建设周期长，必须采取有力措施，加快补齐建设和管护的短板。

一方面，要多渠道保障资金投入，解决“钱从哪里来”的问题。应考虑各地自然禀赋不同、市场价格变化等因素，细化不同区域高标准农田建设投入标准，建立动态调整机制。在加大财政投入基础上，积极推动构建多元化筹资机制，推动用好政府债券和土地出让收益使用政策，把高标准农田建设新增耕地指标调剂收益优先投入高标准农田建设。同时，探索通过财政补贴、投资补助、贷款贴息、政府和社会资本合作等多种模式，鼓励社会资本参与。

另一方面，要明确农田建设的管护主体，提升耕地综合生产能力。鼓励引导农民、农村集体、新型农业主体等用地又养地，利用又保护；通过筹资投劳等方式，参与农田建设运营，分享合理收益。以新建成的高标准农田为重点，推进工程、农艺、农机措施结合，构建耕地质量保护与提升长效机制。针对重点地区，要开展退化耕地治理。特别是聚焦东北黑土地这个“耕地中的大熊猫”，采取保护性耕作措施，实施黑土地保护工程，扭转被动局面。

（刊发于 2020 年 12 月 29 日时评版）

长江“禁渔令”落地要打好持久战

1月1日起，长江流域重点水域正式进入为期十年的禁渔期，这一举措力度空前。1月5日正值推动长江经济带发展座谈会五周年，在这个时间节点上，思考长江禁渔如何持续落地见效，兼具历史和现实意义。从禁捕退捕攻坚战转向全面禁渔持久战，要水上岸上一起抓，非法捕捞非法交易一起管，正向激励反向约束一起用。

长江禁渔是共抓长江大保护的标志性工程，是扭转长江生态恶化的关键之举。作为中华民族的母亲河，曾经的长江，鱼翔浅底、豚跃浪涌。如今的长江“病了”，病得还不轻。长江流域渔业资源曾极为丰富，最高峰时占到当时全国淡水捕捞总产量的60%。近年来，长江生态环境持续恶化，生物完整性指数到了最差的无鱼等级。目前，长江每年水产品产量不到10万吨，仅占全国水产品总产量的0.15%。可以说，资源越捕越少、生态越捕越糟、渔民越捕越穷。

长江禁渔涉及渔民渔船之多、覆盖区域之广、禁渔时间之长，在世界大江大河中也属罕见。经过沿江省市和多个部门前一阶段的共同努力，禁渔具备了全面启动的条件。截至目前，渔船渔民退捕基本完成，累计退捕鱼船11万艘、渔民22.8万人；重点水域退捕任务全面完成，如期实现清船、清网、清江、清湖目标；非法捕捞行为得到遏制，非法销售地下产业链正被斩断。“水是流的，鱼是游的”，进入全面禁捕新阶段后，长江禁渔难度更大，需要巩固拓展前期的禁捕退捕成果。

要持续抓好退捕渔民生计保障，夯实禁捕基础。有了渔民理解支持，禁渔才有深厚基础；渔民生活有保障，禁捕才能不反弹。大部分长江渔民年龄偏大，多数文化水平不高，缺乏其他就业技能。一些渔民转产就业的收入比不上捕捞收入，容易心里有落差。渔民们期望参照被征地农民或城镇灵活就业人员政策落实养老保险。财政压力大的地方，可以用“时间换空间”，实行政府补助先缴后补，由退捕渔民参保缴费后，凭相关凭证，分 15 年逐年落实社保补助资金。

要引导人们主动拒食长江江鲜，稳住群众基础。没有买卖，就没有伤害。只有管住舌尖上的需求，从源头做到终端禁食，才能杜绝非法捕捞。如果全社会达成不购买、不食用野生江河鱼的共识，形成“市场不卖、餐馆不做”的局面，会有效倒逼“水上不捕、湖里不捞”。要打击非法交易和非法捕捞，推动长江野生江鲜全面禁售禁食，用长牙齿的办法和钉钉子的精神，让销售长江江鲜的餐馆店铺没有立足之地。

要抓紧补上执法监管短板，打牢能力基础。长江禁渔执法是一盘棋，要有水上问题岸上解决、部门问题综合解决的认识。如今，公安、渔政、市场监管等部门已建立协作机制，健全水生生物保护、水产品销售、执法监管等工作体制机制。当前，长江禁渔执法监管实践还会遇到诸如法律适用、证据采信及渔获物认定等难点问题。今后还要创造条件，加强渔政执法装备和信息化系统建设，实现雷达、无人机、船艇系统联动，构建人防技防结合的长效监管机制。

当捕捞不再成为长江鱼类面临的主要威胁，改善优化水生生物生存环境仍有诸多可为空间。禁渔的同时，还要与时间赛跑，减少和规范高强度的人类活动，实施长江水生生物多样性保护工程，完善生态补偿机制，科学开展增殖放流，让万里长江早日恢复生机活力和美丽景象。

（刊发于 2021 年 1 月 5 日时评版）

资本养猪要避免“一哄而起一哄而散”

日前，生猪期货挂牌上市。业内认为，生猪期货的价格走势，体现了市场对未来生猪供应逐步恢复的预期。也有不少市场主体担心生猪生产恢复后供求形势快速逆转，出现大起大落。如何算好养猪这笔账，怎样破解生猪“多了多、少了少”的难题，成为行业热点。因此，有必要适当提示一下风险。

社会资本要稳妥处理好扩栏增养，在推动产能恢复的同时实现转型升级，避免“一哄而起、一哄而散”现象。要加快现代化体系建设，不能因为养殖用地政策宽松就片面铺摊子，不能因为环评承诺制就放松了对环保的硬要求，如此才能走得更远。

对地方政府来说，发展养猪产业要走出只看一隅的思维定式，不要只算眼前账，还要多算长远账。生猪养殖，没有税收却有污染风险，大家都想吃肉却不想养猪，甚至个别地方此前搞“无猪县、无猪乡”。但是，猪少了引发价格上涨，超级猪周期影响了群众生活。对主产区来说，生产和调出粮食是为国家作贡献，生产和调出猪肉也是为国家作贡献。应把生猪生产提升到更高位置上，像抓粮食生产一样抓生猪生产。

对养殖企业来说，也要走出赚快钱的思维定式。眼下，行业已稳定进入政策宽松期，有关部门出台了 19 项政策举措，加之非洲猪瘟疫情总体平稳，截至2020年11月底，能繁母猪和生猪存栏已恢复到2017年的90%以上，进展超过预期。值得一提的是，2017年是近年来生猪产能的最高点，这意味着保供稳价有了底气。按照养殖周期计算，2021年三季度生猪出栏将达正常水平，价格总体下跌已成为市场共识。

一方面，生猪恢复的势头需要进一步巩固。全球猪肉总贸易量约800万吨，不到国内产量的15%。2018年及以前，猪肉进口占国内产量的比重始终没超过2%。立足国内保供给的大背景下，生猪产能恢复还不充分。对各地来说，今年还要继续稳定养殖用地、环评承诺制、贷款担保等主要扶持政策，给养殖主体吃下定心丸。目前，还在建设的生猪规模养殖场，应加快建设进度，尽早竣工投产，带动中小养殖户发展生产。

另一方面，部分养殖企业的经营风险也在加大。养殖规模越大，可能的收益越大，一旦遭遇价格波动或动物疫病，其风险也越大。我国生猪养殖水平与发达国家还有差距，设施装备条件差，生产效率不高。在市场风险加大的大背景下，一些企业还不够理性。应加快全流程的现代化体系建设，不能因为环评承诺制就放松了对养殖粪污处理的硬要求，不能因为养殖用地政策宽松就盲目扩大，不能因为非洲猪瘟疫情平稳就降低生物安全要求。

我国生猪价格波动剧烈，原因在于产业素质不够高。一是规模化水平低。全国一半的出栏肥猪由占数量99%的散户提供，年出栏500头以上的生猪养殖场户只有约16万户。二是产业化程度低。养殖、加工、运销等相互脱节，缺乏利益共享共生机制。社会资本养猪，是看到了行业巨大的市场容量和转型升级的机遇，也应该在产业一体化发展上有所作为，在带动散户上有所成就。

从以往来看，政府部门对增产手段的运用相对成熟，对促进供求平衡的调控则不足。但是，此时的价格过低会导致彼时的价格过高。当产业受到外部因素冲击、靠市场力量不能恢复至供求平衡状态时，政府有必要加强调控。如果说，粮食保供的重点是提升产能，那么生猪保供的重点则是储备产能。应围绕产能储备优化调控手段，以大企业为重点，增强逆周期调节的精准性，确保猪肉产能稳定在5500万吨。要既让消费者买得起，又让养殖户收入好；既让主产区养猪有实惠，又让主销区吃肉有保障。

（刊发于2021年1月12日时评版）

稳住“菜篮子”先要守好“菜园子”

春节日益临近，正是“菜篮子”产品消费高峰，保供稳价备受关注。近期，不少地方蔬菜价格出现比较明显上涨。有关部门日前发布通知，要求抓好农业生产和农产品供给，明确把粮油、蔬菜、肉蛋奶、水产品等纳入新冠疫情防控期间生活必需品保障范围。如何落实“菜篮子”市长负责制，需要认真思考。

我国实行“菜篮子”市长负责制，地方政府特别是市级政府要负责辖区内蔬菜、肉蛋奶、水产品等供应，统筹生产发展、流通运输、市场调控等各项工作。近些年，中央先后启动两轮“菜篮子”工程建设，为保供稳价发挥了重要作用。总体看，大多数城市“菜篮子”产品供给有保障，市民满意度明显提高。但是，一些城市产品自给能力下降，一些城市资源投入减少，一些城市在质量安全监管方面跟不上。

落实“菜篮子”市长负责制，意味着所有城市都必须保有一定的自给能力。过去城市周边都保有一定的菜地，但后来很多都调整规划变成了建设用地。对大中城市来说，不能因“菜篮子”产品产值低而轻视菜园子建设，不能因其比较效益低而放弃“菜篮子”工程。一句话，菜地要有保有量，鲜活农产品要有自给率，应急供给要有保障能力。

因气候、区位等原因，大中城市与优势产区之间，品种结构不同，各具优势。从经济效益和资源禀赋角度看，蔬菜有进有出是必然的。在城市近郊淘汰一些低附加值的种养生产，短期看是经济理性之举。但是，保供的重担不能全依靠外部。否则，一旦遭遇突发疫情、严重自然灾害、意外交通中断等特殊情况，保障能力就会极大弱化。正因如此，中央反复强调大中城市要坚持保有一定的生鲜农产品自给能力。不能只算眼前账，还要算长远账。

保障“菜篮子”，首先得保护好“菜园子”，要守住耕地红线，确保菜地面积稳中有增、质升品优。加强城市自有鲜活农产品生产基地建设，稳定提升重点品种自给水平。建设一批应急保障基地，实现“囤菜于田”“存肉于栏”“存鱼于塘”。一些缺口较大的，要加强与外埠生产基地合作，确保关键时期能调得进、供得上，加快仓储保鲜冷链物流设施建设。还要创新使用农业保险等金融工具，引导产销平稳、价格稳定。

在大中城市中，目前上海市蔬菜自给率最高，尤其是绿叶菜。尽管农业占上海经济总量的比重不足1%，但对上海是“不可或缺”。上海将地产绿叶菜上市量与市对区县财政转移支付相挂钩，率先推出淡季绿叶菜成本价格保险，保费“财政补大头、农民出零头”。在寸土寸金的上海，50万亩蔬菜面积中有1/3种的是绿叶菜。而蔬菜价格一旦低于基准线，保险公司就会对菜农理赔。尽管上海是全国消费水平最高的地区之一，但蔬菜价格指数在大中城市中并不算高。

我国城市大多是大城市带大农村，农村面积和人口占有相当比例。大中城市不妨充分利用资金、技术和信息优势，发展都市农业。都市农业集生产、生活、生态功能于一体，既可以为居民提供绿色景观和鲜活农产品，也能改善城市生态环境、带动乡村产业融合。在耕地资源匮乏的“狭小空间”里“以小博大”，都市农业将是大中城市的农业优势。具体做法有很多，比如适当发展速生叶菜，大力发展工厂化育苗。

总体看，落实“菜篮子”市长负责制，市长到底要负责什么呢？主要就是保供给、保安全、保底线。保供给，就是一手抓自身“菜篮子”生产能力建设，一手抓产销衔接和流通促进。保安全，就是加强质量安全监管，推进标准化生产，不发生重大农产品质量安全事件。保底线，就是完善低收入群体补贴机制，最大限度减轻价格上涨对困难群众生活的影响。

（刊发于 2021 年 1 月 19 日时评版）

农业变绿先要减“肥”

有关部门日前发布，我国化肥农药减量增效实现预期目标，化肥和农药利用率均已超40%。作为最重要的农业投入品，化肥农药的话题在网上引发热议。有网友认为，用化肥农药种出的瓜菜是靠不住的，有机农产品才是健康的，今后农业要绿色发展，就该弃用农药、化肥；也有人认为，如今土地产出高全靠化肥“顶着”，担心化肥农药减量会影响农业产量。

化肥、农药是现代工业和农业科技发展的成果，有利于农作物单产提升。从作用来说，化肥之于作物犹如口粮之于人类，农药之于作物犹如药品之于人类。20世纪70年代起，我国农民才开始普遍使用化肥，曾经各级政府还为农民买不到化肥而发愁。从较长时间段来看，化肥的使用大幅提高了土壤生产力。以玉米为例，我国玉米单产增长的贡献中，品种只占36%，化肥占52%，其他为管理因素。

虽是不可或缺，但也不能一味多用。对化肥的大量使用和不当使用，不仅带来了成本的增加和环境的污染，更影响了农产品品质。现在消费者感觉吃的水果蔬菜口感不如儿时，这与化肥使用过多也有一定关系。实验表明，使用有机肥的果园，果实的外观和品质均有明显提高，风味和口感也好。以人们关注较多的两个指标来说，施用有机肥后，果皮里的花青素含量会提高 20%~30%，果肉里的维生素 C 含量可提高 10%~30%。别小看这 10% 或 20%，带来的口感改变是明显的。

化肥过量使用的原因很复杂，既有经营方式的原因，也有基础条件的问题，折射了我国农业整体从传统向现代转型的现实。以蔬菜为例，我国以有限的耕地生产了约占全球一半的蔬菜，蔬菜化肥用量也大幅高于国外。一般来说，生长期短、产量高，用肥强度自然会高。由于施肥方式落后，蔬菜多用化肥撒施或随水冲施的传统方式。同时，蔬菜经济效益相对高，肥料成本占比不高。遗憾的是，很多农产品尚未实现优质优价，导致有些农民片面追求产量而多施肥，忽视了品质。

根据国际经验，化肥用量往往是先呈现快速增长、达到峰值后保持稳中有降或持续下降的趋势。欧美部分发达国家的化肥用量从 20 世纪 80 年代开始下降，德国、法国甚至减少了三成至五成。但这个过程并非自然而然，而是要通过技术进步和生产方式变革来实现。对我国来说，减少不合理化肥使用，主要有两方面可以发力：一方面，继续改进施肥方式，减少跑冒滴漏、增加对症施肥，提高化肥利用率；另一方面，加快构建种养结合、农牧循环的发展模式，这是更根本的举措。

近年来，我国农业有个奇怪现象，一边是化肥过量使用带来土壤和水体问题，一边是畜禽粪污得不到有效利用造成污染。过去，农民一家一户种地兼养猪，粪污还田作为有机肥，实现了初级的循环农业。如今，种养高度分化分工，“种的不养、养的不种”，导致两头环境都受伤。通过有机肥替代化肥，优化农业内部结构，打通种养大循环，不仅能解决畜禽粪便处理这一“臭”的问题，也能解决果菜茶品质提升这一“香”的问题。

我国农业已实现总量平衡有余，有底气追求高质量绿色发展。农业绿色发展的真谛是用健康的土壤生产优质的农产品，其本身并不排斥使用化肥，而是要科学合理使用化肥，把过去不合理的使用量降下来，做到保供给和保环境的协调。当务之急是，构建种养结合、农牧循环的政策框架、组织方式、服务机制，既考虑“为养而种”，也考虑“为种而养”，从而实现更高水平、更大范围的循环农业。

（刊发于 2021 年 1 月 26 日时评版）

稳住“菜篮子”还要看好“菜摊子”

近期，一些地方菜价涨了不少，一些品种比往年贵不少。据农业农村部监测，1 月 29 日，全国“菜篮子”产品批发价格 200 指数为 145.49，高于 1 月 1 日的 134.76。稳住“菜篮子”除了要守好“菜园子”，还要看好“菜摊子”。也就是说，蔬菜产出后，还得运得到，才能供得上。眼下保供稳价的一个重点在流通端。

逢年过节菜价上涨是常事，一般规律是节前波动上涨、节后价格回落。一方面，冬季蔬菜供应成本高，特别是北方，冬储大白菜的习惯已经不再，主要靠设施蔬菜和南菜北运，相对于夏秋季节，增加了生产和运输成本。另一方面，恰逢农产品消费旺季，一些菜摊会在春节那几天打烊，不少人都有节前备货的习惯，带动了价格阶段性上涨，这是“节日效应”。

菜价低了很可能是供过于求，菜价高了却不一定是供不应求。今年还有一些不同以往的因素，主要有强寒潮天气和疫情局部反弹两方面。受其影响，公路运输受阻，导致农产品流通效率降低。以北京新发地市场为例，来自河北石家庄、邢台方向的长途车辆在国内蔬菜运输中占比超过 40%，因零星疫情影响，大量车辆一度暂停运输业务，运力不足导致运费猛涨。这对北京、河北等地菜价有较大影响。

其实，从生产端来说，当前菜篮子产品产量总体是有保障的。数据显示，目前全国在田蔬菜面积为 8500 多万亩，同比增加 100 多万亩。近期全国平均每周蔬菜收获量稳定在 1400 万吨左右，同比持平略增；预计今年 1 月份至 2 月份生猪出栏同比增加 25%；水果总体丰产，牛奶产量明显增长，牛羊肉生产稳中有增，蛋鸡和肉鸡存栏处于同期较高水平。可以说，这是稳产保供的底气，也是菜价不可能一直高企的根本原因。

总体供给有保障，并不代表就可以高枕无忧。地头产得出、量也足，关键还要以较低的成本、较快的速度送到消费者手中。因此，眼下农产品保供稳价的重点应该放到流通端，做到道路要通，菜场要保，设施要好。

道路要通。保障农产品出村进城、农资下乡进村，这不仅关乎城市民生，也关系农民收入。前期因疫情导致短期价格波动较大的一些地方，随着各项保畅通措施落实到位，近日市场运行基本恢复正常。这启示我们，在疫情防控中不能搞“一刀切”，要保障物流畅通，不得随意以防疫为借口拦截阻断农产品运输。要落实鲜活农产品“绿色通道”政策，推动大城市在周边设置直通车、运输接驳区等。

菜场要保。从产地到销地批发市场到菜市场到餐桌，对价格影响幅度最大的环节是菜市场。菜市场是生活气息最浓郁的所在，也是获取平价农产品的最大来源。不过，有些城市的菜市场在变少，摊位费在上升。即使在一些发达国家，仍然存在传统形态的菜市场。不管城市如何升级，管理部门要允许各类菜市场尤其是便民菜市场、低摊位费菜市场的存在。

设施要好。发达国家蔬菜的物流损耗率仅为 5%，我国则高达

20% 至 25%。蔬菜本身容易腐烂，加上集中上市、流通低效，会加剧损耗。症结就在于缺乏农产品仓储保鲜冷链物流设施，地头冷库和专业物流中心数量不够。一方面，强化产地田头冷库建设，从而延长上市期，实现错峰上市；另一方面，做好销地市场冷链物流建设，发挥好“蓄水池”作用。这样，才能做到上市均衡不断档。

眼下各地倡导就地过年，对农产品需求总量影响有限，但会带来区域结构变化，预计大中城市农产品消费量较往年明显增长。考虑到气温较往年偏低以及局部疫情可能出现，菜篮子产品出村进城阶段性受阻的风险仍然存在。各地尤其是大中城市，要始终绷紧农产品稳产保供这根弦，守好“菜园子”，看好“菜摊子”。

（刊发于 2021 年 2 月 2 日时评版）

乡村建设要找准农民需求

上亿元改建厕所成“尬厕”。近日有媒体报道某地部分农村厕所改造存在设计缺陷大、工程质量差、后续保障弱等问题，改建的8万余个厕所弃用超过5万个，引发社会关注。这启示我们，乡村建设需要下细功夫、慢功夫，既尽力而为又量力而行。立足农村实际、紧扣农民需求，把选择权交给农民。

小厕所，大民生。长期以来，我国重城镇建设、轻村庄建设，重农业生产、轻农村发展，农村人居环境历史欠账多。在不少地区，有新房没新村，有新村没新貌，存在一定程度的“脏、乱、差”现象。加快乡村建设是群众愿望，推进农村改厕是民生实事。截至目前，全国农村卫生厕所普及率超过68%，农民群众在厕所问题上的满意度总体在持续提升。2018年以来累计新改造农村户厕超过3500万户，农村人居环境整治三年行动已顺利完成。

不过，农村改厕是个系统工程，任何一个环节实施不好，都容易出现花钱买民怨的现象，导致“民心工程”成为“忧心工程”。从此次媒体对个别地方的报道案例看，有的改厕方案以室内厕所为主，但缺乏定期清理等服务保障；有的住户已搬走10年，但按户装厕所，不管有没有人住都得装；部分村民反复参与改建，导致出现一家三个厕所的情况。如此，老百姓能不“烦心”？

还有的地方是干旱、寒冷等特殊条件地区，而改厕的相关产品适用性不强，导致干旱地区没水冲、寒冷地区防冻难。另有一些农村改厕没有解决好粪污的处理和利用，粪污无害化不彻底。既没有配套建设排污管网设施，也没有建立粪污处理利用体系，导致用起来不好用。

全国有 55 万多个行政村，农村厕所数量之多、布局之广可想而知。对各地来说，农村厕所改造怎样实用，老百姓希望建什么样的厕所，需要实事求是。在工作作风上，有的地方搞形式主义、刮风搞运动。有的地方群众积极性未充分调动起来，政府大包大揽，农民反而成了改厕的局外人。不少地方缺乏专业的规划、建设、管理等人员，在推进中显得急躁和不科学。南方和北方不一样，山区和平原不一样，有的地方却简单套用城市和平原的模式，把改厕简单当作改水冲式厕所。

农村人居环境整治是关系农民生产生活的普遍性问题，无论是经济发达地区还是欠发达地区都要搞，但标准可以有高有低，各地可根据地理条件、经济水平和农民期盼，科学确定本地区目标任务。推进农村人居环境整治，决不能搞形象工程，要遵循客观规律，立足实际情况，不提超越发展阶段的目标，分阶段、有步骤推进。既要解决当期的投入问题，也要解决后续的管护问题。有条件的地区可以将农村环境基础设施与特色产业、乡村旅游发展有机结合，实现产业发展与人居环境互促互进。

乡村建设不仅涉及内容多，也是一项长期性的任务，需要下细功夫、慢功夫，不能眉毛胡子一把抓，首先要从农民最关切的、受益最快的事情抓起。各地要把选择权交给农民，改变“我提供什么、你使用什么”的推动方式，建立“你需要什么、我提供什么”的服务模式。在模式选择中，要采取多种方式听取农民意见。对农民还没有想明白、不愿干的，不要着急硬推，可以等等看、缓一缓。

（刊发于 2021 年 2 月 9 日时评版）

破解天价彩礼须激活善治乡村

据报道，在一些农村地区，娶妻必备的车、房、彩礼等新“三大件”花费少则五六十万元，多则上百万元，成为农村部分家庭的沉重负担。乡村要有人情味，但不能背上人情债。乡村治理要达到春风化雨的效果，就要挖掘熟人社会向上向善的道德力量，增强乡村发展的软实力。

近年来，随着生活水平逐步提高，农村不少地区出现婚丧嫁娶讲排场、人情往来比阔气现象，一些地方天价彩礼、攀比人情礼金等不良风气盛行。这在城市里感受可能不深，但对农民来讲却是很大的烦心事。不少农民反映，人情往来成了人情债，传统风俗渐渐变了味，天价彩礼让人直呼“娶不起”，名目繁多的礼金让人“还不起”。

先说婚事，过去农村结婚只需在宅基地盖房即可，成本也就 20 万元。近年来，在县城买房有成为“标配”的趋势，价格至少翻番。再说彩礼，行情从一两万元提高到十来万元。在一些地区，有 15.28 万元、13.14 万元等说法，皆有谐音寓意。还有礼金，情感互动变成送钱为主。从升学宴、生日宴，到“安慰酒”“保胎酒”，你方唱罢我登场。不仅花样多，标准也高了，一两百元已拿不出手。这些礼金大多耗费在酒宴和堂会上，每个家庭最终都是人情往来的输家。

刚刚公布的2021年中央一号文件强调，要加强新时代农村精神文明建设。其实，全面推进乡村振兴，不能光看农民口袋里的票子有多少，更要看农民的精神风貌怎么样，要看乡风好不好，治理是否有效。毋庸讳言，在乡风文明建设方面，以往制度规则的供给不足，一些做法存在效率较低、失灵频繁等问题。尽管乡村社会各方面都取得了巨大进步，但天价彩礼“娶不起”、豪华丧葬“死不起”、名目繁多的人情礼金“还不起”等问题还大量存在。

正常的礼尚往来无可非议，毕竟人人都会遇到红白喜事，家家都有人情往来，但是，借“人情”之名大操大办、盲目攀比、铺张浪费却要不得。乡村要有人情味，但不能背上人情债。面对农村陈规陋习，必须旗帜鲜明地反对、大刀阔斧地改革。约束攀比炫富、铺张浪费行为，不是发几个文件或开几个会就能解决的。文明乡风需要完善的制度保障，也需要符合农村特点的方式方法，必须出实招来破解难题。

与城市不同，乡村社会是熟人社会，人们大多“生于斯、长于斯”。虽然现在村庄的社会结构、人口构成、村庄形态发生了很大变化，但基本特征没有根本改变。解决农民群众的烦心事，还得主要依靠农民自己。乡村治理要达到春风化雨的效果，就要挖掘熟人社会里向上向善的道德力量，增强乡村发展的软实力。一些地方，农民在协商基础上制定村规民约，有些地方建立了红白理事会、道德评议会，弘扬红白事中的互助、友爱等习俗，同时明确可以接受的礼金标准，降低了乡村社会治理的成本。

广沃乡野，璀璨文脉。农村问题之所以复杂，就因为它是多维度的，乡村产业、乡风、生活、生态交织成一个有机整体，糅合着传统农村的情与理，夹杂着现代社会的法和规。当前，我国乡村正处于从传统社会向现代社会转型中，城乡关系深刻调整，乡村社会加快分化，治理对象也持续变化，乡村振兴少不了治理体系的现代化，必然要走善治之路。一方面，要大力发展乡村产业，促进农民增收，缩小城乡差距，吸收都市文明的精华；另一方面，也要塑造新时代乡村精神和乡村风尚，以价值观的力量，为农民赋能、为乡村定规。

（刊发于2021年2月23日时评版）

产业为先谋振兴

日前举行的全国脱贫攻坚总结表彰大会宣告，我国脱贫攻坚战取得了全面胜利。笔者认为，脱贫攻坚圆满收官，但产业发展不能收官。应接续推进脱贫地区乡村振兴，把产业扶贫转变为产业振兴。乡村产业有自身发展规律，要注重长期培育和稳定支持。在此基础上，拓展产业联农增收空间，把就业机会更多留给农民，把产业增值更多留在农村。

产业兴旺，是解决农村一切问题的前提。发展产业既是增强脱贫地区发展基础、增强造血功能的主要依托，也是提高脱贫群众收入和发展信心的重要途径。脱贫攻坚的根本之策是产业扶贫，乡村振兴的第一要务是产业振兴。没有产业的发展，农业农村更好发展就是空中楼阁。因此，无论是巩固拓展脱贫攻坚成果，还是全面推进乡村振兴，首先就是要巩固好产业扶贫的成果，发挥好产业的基础支撑作用。

虽然脱贫地区产业发展取得了重大历史性成就，但产业总体还处在成长期，整体水平还不高，产业链条不够长，一些地方产销衔接还不够顺畅。有基层干部反映，前几年大部分扶贫政策集中在贫困户，对边缘户、一般户支持不足。此前，产业扶贫多是支持发展种养项目，对基地建设、科技服务等产前环节和产品加工、品牌打造等产后环节的支持不够，导致一些产业效益还不够高。比如，由于仓储冷链设施普遍缺乏，产品上市期集中，往往会出现“人参卖出萝卜价”的现象。

脱贫攻坚过程中，各地发展了大批产业扶贫项目，短时期内实现了对贫困户的覆盖，有力地促进了脱贫增收。脱贫攻坚取得全面胜利后，这些产业依然要培育壮大，也需要提前谋划应对难题。比如，有些产业扶贫项目是“短平快”项目，要增强其抗自然风险和市场风险的能力；又如，前两年集中发展的水果、茶叶等产品，今明两年将进入丰产期、集中上市，要避免出现销售困难。今年起，乡村产业发展要从注重短期脱贫目标转向产业持续发展、农民稳定增收的长效目标，在保持产业覆盖面的同时，更注重产业带动的质量。

产业发展要坚持规划引领。摘帽前，贫困县都制定了产业扶贫规划，距今已有时日，随着市场变化和产业升级，很多规划已不能适应发展要求，急切需要调整完善。要推动脱贫县立足资源禀赋和市场需求，立足现有形势和产业基础，进一步完善特色产业发展规划，持续用力推进规划实施，促进产业持续发展，绝不能半途而废。要通过品牌打造带动产业升级，依托脱贫地区良好生态环境和独特资源优势，发展“独一份”“特中特”的优质产品。

产业振兴要注重带动农民。近年来，脱贫县已引进和培育众多农业龙头企业和农民合作社，有了新型经营主体带动村民致富。但毋庸讳言，龙头企业规模还是偏小，合作社带动能力还较弱，利益联结还不够紧。对此，要在“育主体、带农户”方面下更大功夫。引导各类主体通过订单生产、就业务工、股份合作、资产租赁等多种方式，实现稳定利益联结，让农户持续受益。

按照产业发展规律，集中连片区域化布局是实现产业规模效应的关键。今后，推进脱贫地区产业发展，应在工作布局上打破简单的贫困、非贫困“两分法”，将规划范围和支持对象扩展到边缘户、一般户，统筹县域内所有脱贫村和非贫困村，引导财政投入、金融保险、科技人才服务等资源要素统筹投入、全域覆盖、全体受益，实现从特惠向普惠的转变，为全面推进乡村振兴打下基础。

（刊发于 2021 年 3 月 2 日时评版）

发展乡村产业须破解用地难题

刚刚通过的“十四五”规划和2035年远景目标纲要提出，完善农村用地保障机制，保障设施农业和乡村产业发展合理用地需求。此前发布的2021年中央一号文件明确，完善盘活农村存量建设用地政策，实行负面清单管理，优先保障乡村产业发展、乡村建设用地。可以说，乡村产业用地正迎来新一轮政策机遇。

总体看，乡村产业用地既有农业用地，也有非农建设用地，乡村产业用地难主要是非农用地获得难。除了传统的种植养殖以外，很多乡村新产业新业态以及配套服务设施均属于非农建设用地范畴。过去很多地方奉行工业和城市优先，在城市建设用地指标紧缺的情况下，乡村普遍很难获得建设用地指标。新增建设用地指标在优先满足城镇商住、工业用地以及基础设施等建设用地后，能够用于农村二、三产业发展的指标已所剩无几。

针对这一难题，各地也想了很多办法，但并不尽如人意。不少地方通过整治“空心房”和宅基地，腾出了一些建设用地指标，但多用于城镇建设，而少用于农村产业。即便一些地方在乡镇土地利用规划中为农村新产业新业态预留了少量用地指标，但由于缺少细化的村级规划，也难以发挥实效。随着农村一、二、三产业融合发展，原有的用地类型与土地供给方式已不能适应实际需要。支持乡村产业融合发展，需要给予一定的建设用地保障，这已成为业内共识。

“地得其任则功成，地不得其任则劳而无功。”完善农村用地保障机制，既要坚持城乡融合，又要体现城乡有别，以县域为单元统筹考虑，针对不同类型和特点的产业提供不同的空间载体和用地途径。眼下的情况是，一方面农村集体建设用地存在粗放利用、闲置浪费现象，另一方面是富民乡村产业用地难保障。因此，在具体方式上，首先，优化存量，要靠内部挖潜、节约集约，拓展集体建设用地使用方式、盘活存量建设用地资源；其次，需要给一些新增建设用地指标，保障必要的、急需的产业融合项目及时落地，做好必要的增量。

一个典型例子是乡村旅游点状供地模式。目前，浙江、四川等地正在开展乡村旅游项目点状供地模式，有效解决乡村旅游项目用地分散、单幅用地数量不多等问题，改变传统整片供地方式，节省了用地主体的前期资金投入。在试点地区，保护优先、集约用地已在乡村旅游开发中形成共识。这些地方明确，要以盘活存量用地或优化存量用地为主导，最大限度地利用闲置乡村土地；项目建设要生态化，建设规模要减量化，避免用城市化的手法来发展乡村旅游；基础设施要能够与民用设施共享，总体上减少土地开发量。

要强调的是，国家支持乡村产业发展，并不意味着要在农村实行大规模非农用地扩张，大量增加新增建设用地指标。农村二、三产业的发展，必须坚持粮食安全、生态安全、规范用地的原则，确保其在不占用永久基本农田、不突破建设用地规模、不破坏生态环境的前提下开展。比如，放宽设施农业用地，并不是允许以设施农业为名在耕地上搞非农建设。又如，为防止有的地方借机到农村圈地搞房地产，农村产业融合发展用地政策不适用于房地产业。总之，政策的目的是推进农业农村现代化，满足富民乡村产业发展的用地需求，而不是把城市的产业用地政策简单移植到农村，不是让所有产业一股脑儿地去农村争地搞建设。

（刊发于2021年3月16日时评版）

农地问题不能只算眼前账

今年《政府工作报告》提出扎实推进农村改革和乡村建设，强调要稳慎推进农村宅基地制度改革试点。“十四五”规划和2035年远景目标纲要对加快房地一体的宅基地确权登记颁证，探索实施农村集体经营性建设用地入市制度等作出部署。随着乡村振兴的全面推进，对农地制度改革理应谋划长远。

农村土地分为承包地、宅基地和集体经营性建设用地三大类，分别对应农业生产、农民居住和乡村建设的需要。我国对农地坚持分类改革的思路。从改革进程看，承包地“三权分置”已经建立了较为成熟的制度体系，集体经营性建设用地入市制度也基本成型，但宅基地制度改革进展相对缓慢。一些地方因历史原因造成的宅基地占有不均、强占多占问题还比较突出，一些地方侵害农民宅基地权益的现象时有发生，也有一些地方农民合理的建房需求得不到满足。

在我国，农村土地具有特殊意义。有两个特性决定了农村土地不可能像一般的财产那样随意让渡和处置，一是对国家和社会有保粮食安全和重要农产品供给的功能，二是对农民和农村有保生存保障稳定的功能。2020年受新冠疫情和世界经济下行影响，一度有3000多万农民工留乡或二次返乡，但经济社会大局始终保持稳定，其中一个很重要的原因是农民在农村还有一块地、一栋房，可以有地种、有房住、有事干，农村发挥了重要的蓄水池效应，土地发挥了重要的稳定器作用。

有人认为，农村逐步消亡是规律，再搞乡村建设是浪费，搞农地制度改革就是要讲经济账，土地在谁手里有效率就交给谁。这种说法不对。在现代化进程中，城的比重上升，乡的比重下降，是客观规律。但是，不管发展到哪一步，乡村都不会消亡，城乡将长期共生，这也是客观规律。当然，村庄格局会演变分化，有的会聚集更多人口和产业，有的会与城镇融合，有的会逐渐衰落。即使城镇化率达到 70%，仍有 4 亿多农民没到城市里来，他们的美好生活怎么办？很大程度上要靠土地来保障。

土地是农民的安身立命之本，也是城乡发展的基础要素。要用大历史观来看待“三农”问题，遵循历史规律推进“三农”工作，凡是涉及农民基本权益、牵一发而动全身的事情，必须看准了再改。所以，对农村土地问题，不能简单算经济账算眼前账，更不能当作一般的不动产来进行政策设计。以宅基地制度改革为例，其具有长期性和复杂性，要保持足够的历史耐心，防止犯颠覆性错误，必须坚决守住土地所有制性质不改变、耕地红线不突破、农民利益不受损这三条底线。

土地交给谁，如何用，要坚持统筹城乡，兼顾效率和公平。因此，宅基地的“三权分置”与承包地“三权分置”就有很大不同。对于承包土地经营权，政策鼓励流转和适度集中，而宅基地就不存在鼓励集中到少数人手里的问题。退一步说，即使是承包地流转也要充分尊重农户利益。搞宅基地制度改革，探索适度放活宅基地和农房使用权，并不是让城里人下乡去买房置地。宅基地不得违法违规买卖，要结合发展乡村新产业新业态、返乡创新创业等，探索盘活闲置宅基地和农房的途径。

城乡融合，不是消灭乡村；乡村振兴，也不是大拆大建。作为农村改革的“牛鼻子”，农地制度改革涉及农村经营制度和农村产权制度，涉及城乡间和乡村内利益关系的深刻调整。深化新一轮农村土地制度改革，就是要围绕推动小农户与现代农业有机衔接，以土地为牵引激发农业农村发展动力活力，让农民在城乡间进退有据。

（刊发于 2021 年 3 月 23 日时评版）

资本下乡，别打土地的主意

眼下，工商资本下乡已成为一种时尚。互联网企业如拼多多宣布重投农业，通信企业如华为进军智慧农业，房地产企业如碧桂园发力科技农业，越来越多的工商企业投入农业各产业各环节。这既展示了农业的魅力、农村的潜力，也体现了产业融合、业态创新的发展趋势。资本下乡要摒弃急功近利思维，不打土地的主意，低头做精做好产业链，做深做透价值链，给乡村产业和农民收入带来宝贵的增量。

资本下乡给农业农村带来了资金、技术、管理、人才，其中最重要的当属资金。我国农业短板明显，例如，低产田还有4亿亩，占耕地面积的22%；又如，农产品加工转化率还不高，鲜活农产品产后损耗率达20%。补上这些短板，亟须加大投资力度。此前，有机构测算，要实现乡村振兴战略规划的目标，5年间至少要投资7万亿元。而民间资本常年占第一产业固定资产投资的80%左右，是农业农村投资的主力军。民间资本中，工商资本又是重要力量。

是什么吸引工商企业巨头跨界投身向来被视为弱势产业的农业？一是政策吸引，强农惠农政策力度不断加大，乡村振兴战略全面推进，投资农业能够享受到补贴和税收优惠。二是商机所在，农业未来的增长潜力已被普遍认可，企业不断开拓蓝海，就要对农业农村提前布局。三是转型需要，城市的一些工商业项目投资风险加大，企业愿意也有能力做农业与二、三产业的跨界融合，还能获得一定的配套建设用地指标。四是乡土情结，很多企业家自己原先或父辈就是农民，对农业有眷恋，如今有了实力，愿意回头搞高标准农业。

土地是农村最大的可利用资源，也是资本下乡中最容易产生问题的一环。近年来，一些资本在下乡过程中与农民发生土地纠纷，存在挤占农民利益的情况。有的资本片面追求利益，生产经营有非粮化倾向，个别甚至触碰红线，在耕地上搞非农化建设。有的资本低估了农业的自然和市场风险，经营不善而毁约跑路，农民租金没有着落，土地流转合同打了水漂。

既然资本下乡是市场行为，自然就有亏有赚。相对于其他行业，农业的弱势依然明显：一是大多靠天吃饭；二是投资周期长回报慢；三是产值和附加值不高；四是鲜活农产品价格波动剧烈。如果企业不能妥善应对这些痛点，又盲目铺摊子、上规模，就会导致力不从心。这是一些资本此前折戟农业的原因，也警示后来者要尊重农业产业规律和乡村建设规律。

资本下乡不能浮躁，不要盲目跟风搞产业扩张，而要认清形势，找到合适的方法和适合的领域。投资农业最好是“找两头、优中间”，把精力放在农业产业链的前后端和优选关键环节。比如，农业生产性服务业、农产品精深加工、现代种业、农产品冷链物流、智慧农业，这些领域门槛和附加值高，单靠普通农户办不了、办不好，恰恰是企业的用武之地。

同时，资本下乡也不要只盯着传统的种植养殖业，在土地经营面积上与传统农户争短长，而要把重心放在新产品新业态新技术新模式上。即使是搞大田种植，也可以在产品标准化和品牌化方面有自己的特点。其实，与农民争地争利，与农民同质化竞争，既没有政策空间也没有发展潜力。优秀的工商企业下乡务农，要懂得利用自己的优势，并善于带领带动农户，注重发挥农民合作社的积极性，才能创造出更大的经济价值和社会价值。

（刊发于 2021 年 3 月 30 日时评版）

农村户口更吃香了吗

近日，山东省户籍新政引发关注。据报道，“十四五”时期，山东省将按照“宜城则城、宜乡则乡”原则，全面放开城镇落户限制；允许符合条件的入乡返乡创业就业的高校学生、退伍军人，以及拥有农村宅基地使用权的原进城落户农村人口回农村落户。

山东是国内首个宣布进城农民可返乡落户的省份。笔者认为，城市户口不再那么“吃香”，也让人思考从乡土中国到城乡中国的进程中，如何让农民在城乡间进退有据、合理流动。

曾几何时，一纸户口让多少想走出农村的人望城兴叹。那时，农民想获得城市户口，只能通过考学、参军、录取公务员等有限途径。户口的背后是城乡在教育、医疗、社保、就业等诸多方面的差异，此后，户籍政策逐步松动，“农转非”“蓝印户口”等曾在各地出现。如今，附着在户口上的福利待遇逐渐剥离，农民落户中小城市和县城已经没有任何障碍，落户大城市也不稀奇。

时至今日，农民落户中小城市的意愿普遍不高，很多进城农民并不急于迁户口。其实，对个体的农民来说，无论城镇化还是逆城镇化，都是基于现实的自主选择。人们关心的不是户口簿上“城镇”或“农业”字样，而是能否带来实际好处。如今，农民对落户城镇态度更理性更从容，这既是推进户籍制度改革和公共服务均等化的结果，也是乡村不断发展、城乡差距缩小的表现。

山东省户籍新政值得肯定，是因为其符合当地城镇化发展的实际情况，符合经济社会承载力，适应了人口在城乡间双向流动和人才返乡创业创新的需要。在某种程度上，这也解除了少部分农民想进城落户但又有后顾之忧的问题。值得注意的是，就进城落户而言，山东新政是全面放开，取消其他前置条件和附加限制；就返乡落户而言，是有限定条件的，对人群身份和实施范围都有严格限定。

可以说，返乡落户政策更苛刻。在今后相当长的时期，无论怎么改革，并非所有城镇户籍人群都可以把户口迁到农村。此前，就全国而言，农民一旦落户城市想再迁回农村几乎不可能；那些原本就是城镇户口的人群，更不能把户口迁到农村，户口基本只能单向从农村向城市转移。一些城市人群渴望到农村去居住生活，一些大学生、退伍军人返乡创业创新，这些行为本身并不需要迁移户口。在改革中，对允许户口从城市迁到农村设置前置条件和附加限制，既是必要的，也是合理的。

城乡最大的不同除了经济社会发展程度以外，还在于农村的土地和集体资产是集体经济范畴。由于历史原因，农民首先是一种身份概念，是户口在农村的集体经济组织成员。当然，在现代社会分工中，农民还是一种职业概念，指专门从事农业生产经营的人群。身份和职业的区别在于，身份只能被动接受，但职业可以自主选择。伴随社会进步，农民正经历从身份到职业的转变，这也是城镇化和逆城镇化交织的过程。

当前，我国城乡间差距持续缩小，但农村内部差距仍然很大。农村户口更“吃香”了，主要是针对部分村庄而言。那些城里人或返乡者想落户的农村地区，大多经济实力发达、集体经济雄厚、村容村貌整洁、基础设施完善。随着农村集体产权制度改革的推进，有些城中村、城郊村等户口含金量很高，表现在三方面：一是可以分红，在一些村，村民分红收入远超普通市民收入；二是土地增值，在大城市近郊，城镇化带动征地补偿、宅基地租金上涨；三是生活舒适，这些农村在形态上已经与城市社区没有太大区别。

有一点要强调，符合条件的城市人群即使可以落户农村，但具体落户到哪个村以及能否跟其他村民一样享受同等份额的集体权益，都取决于该村集体经济组织和村民的意愿。

（刊发于 2021 年 4 月 6 日时评版）

超级猪周期警示要抓好两大关键

农业农村部最新数据显示，全国猪肉价格已连续10周下降，同比下降23.7%。可以说，生猪产业环境已进入“舒适区”，后期猪肉供应会越来越宽松。这轮超级猪周期给了我们强烈的警示，凸显出加快畜牧业高质量发展的紧迫性：要把生猪生产提升到更高位置上来，建立健全支持生猪产业发展的政策体系。

生猪产能下滑并非没有征兆。近年来，受生产成本、疫病风险、市场风险的影响，畜牧业波动总体加大。养殖户记忆犹新的是，2014年每头肥猪亏损110元，2016年最高时则每头盈利近千元，2018年最差时每头亏损300元。本轮猪周期的原因是非洲猪瘟影响叠加周期性波动，部分地方养殖政策不稳定。养猪没有税收还有污染风险，说起来也不是“高大上”产业，导致很多地方只想吃肉、不想养猪。2018年至2019年生猪产能严重下滑，使支持保障体系不健全、产业发展质量不高、抵御风险能力不强的问题集中暴露出来。

产能恢复并非一日之功，价格回落更是来之不易。2019年8月起，10多个部门打出生猪稳产保供政策组合拳。2019年9月和10月起，能繁母猪和生猪存栏量先后开始触底反弹。直到2020年6月和7月，能繁母猪和生猪存栏量才先后实现同比增长。截至目前，生猪产能已恢复到正常年份的95%以上。所谓正常年份是指2017年，这一年是近年来生猪产量最高的年份。按照目前势头，今年下半年生猪存栏即可完全恢复。之后再过三四个月，存栏增量转化为出栏增量，月度出栏量也将完全恢复。

我国每天肉蛋奶消费量巨大，必须避免生产大起大落，持续增加有效供给，最根本的是要抓住基础母畜和规模经营主体这两个关键。如果说粮食生产的目标是产能要稳定在1.3万亿斤以上，那么对生猪来说，就要确保猪肉产能稳定在5500万吨左右。如果说粮食保供的重点是提升产能，那么生猪保供的重点则是储备产能。要以增强猪肉长期供给保障能力、增强产业抵御风险能力为重点，做好生猪产能储备。

要维持基础母畜的存栏量，保护农民养殖积极性。在前期行业亏损的时候，要特别注意维持基础母畜存栏量，这样后期市场价格也不至于过高。2010年到2014年，国内肉牛养殖积极性不高，牛肉供应持续偏紧，价格上涨了3倍。农业农村部门此后连续多年在14个主产省份实施基础母牛增量扩群项目，遏制了肉牛生产下滑势头，价格保持了稳定。今后对生猪养殖来说，要以能繁母猪存栏量变化率为核心调控指标，加强监测预警，保住能繁母猪底线存栏量，设定分级调控区间，建立生猪生产逆周期调控的自动触发机制。

尽管规模养猪场数量只占全国养猪户的1%，但规模场和散养户的生猪产量各占全国的一半。本轮猪周期中，相比散养户，规模场恢复快、贡献大。生猪产业链长，涉及种、养、加、销等环节以及饲料、兽药等支撑行业，在很大程度上也属于资本密集型产业，适合工商企业进入。建设现代养猪业，要在前伸后延、流通加工、社会化服务等方面综合发力，激发社会资本投资热情，调动规模经营主体积极性。然而，“家财万贯，带毛的不算”，畜牧业风险大，还面临融资难题，要在实施好生猪政策性保险的基础上，推动金融力量支持生猪产业发展。

无论从菜篮子保供，抑或从对 CPI 的影响来看，猪肉的重要性可以说仅次于粮食。我国生猪养殖量和消费量均占全球的一半，居民肉类消费的六成是猪肉。全球猪肉贸易量约 800 万吨，不到国内产量的 15%；2018 年及以前，我国猪肉进口占国内产量的比重始终没超过 2%。可见，与粮食类似，保障中国人吃肉问题应主要依靠我们自己。各地要认识到，生产和调出粮食是为国家作贡献，生产和调出猪肉也是为国家作贡献。要通过资源环境补偿、跨区合作建立养殖基地等方式，推动形成销区补偿产区的长效机制。

（刊发于 2021 年 4 月 13 日时评版）

以硬措施护好黑土地

前不久，在黑龙江省五常市发生了一起盗挖黑土案，9 万平方米耕地被破坏，原本平坦的土地呈现斑驳的“伤疤”，令人揪心。耕地红线没有讨价还价的可能，我们既要守住 18 亿亩耕地数量红线，又要守好良田沃土的质量红线。农地农用没有商量的余地，土地违法必须受到严惩，“长牙齿”的措施要时刻箭在弦上。

这起盗挖黑土案是有人以改良土地的名义，与村民协商流转土地，随后用大型机械取土。在承包地“三权分置”的背景下，无论是土地所有者、承包者、经营者都无权盗挖黑土、非法取土、破坏耕作层。值得注意的是，盗卖黑土是暴利，挖采成本低，不法分子常利用晚上监管薄弱时段去农田盗挖，之后以每立方米 20 元的价格售出，多被用于城市绿化等。

耕地保护并非易事。我国正处于城镇化快速推进阶段，各地对建设用地的需求很大，一些地方就打起了耕地的主意。个别地方政府把耕地当成建设用地的“唐僧肉”，没有履行好保护耕地的责任，对耕地占补平衡敷衍塞责，存在占优补劣现象。更有甚者，一些市场主体搞起了耕地违法活动。比如，从农民手中流转土地后搞耕地“非农化”，他们或是在耕地上建大棚房、盖私家庄园，或是盗挖黑土、非法取土。

东北地区是世界三大黑土带之一，也是我国最重要的粮食主产区。黑土本是最肥沃的土壤，用老百姓的话说，“插根筷子也发芽”。黑土堪称“耕地中的大熊猫”，形成1厘米厚的黑土层需要数百年时间。然而，自20世纪50年代大规模开垦以来，东北黑土地一直处于高强度利用状态，重用地轻养地、不合理的耕作制度、长期忽视水土保持等，造成了黑土层变薄，有机质含量下降。当前黑土地面临“量减质退”局面，给农业可持续发展带来潜在风险。

近年来，对东北黑土地的保护力度不断加大。2020年2月，农业农村部、财政部印发《东北黑土地保护性耕作行动计划》，提出到2025年，保护性耕作实施面积达到1.4亿亩，占东北地区适宜区域耕地总面积的70%。这是耕地保护迈出的关键一步，不过，这依然不够。保护耕地不只是农艺措施，不只是鼓励提倡，还要有刚性约束，还要有法律手段，防止和惩处乱占、滥用、破坏耕地行为。

要让土地违法者知道疼。目前国家层面尚未出台黑土地保护法律法规，《黑龙江省耕地保护条例》作为地方性法规，提到禁止在耕地中挖矿、取土，但缺乏相应处罚细则，从职责、执法等角度看，权威性、强制性不够，影响黑土地保护工作。破坏耕地行为表现形式多样，只有编织完善的法律密网，进而使其付出并不轻松的成本，才能在上下游同时斩断黑色产业链条，形成强力震慑。

要让土地使用者学会用。定期监测耕地质量，以真金白银鼓励农民对土地的保护性耕作，以铜墙铁壁约束对土地的破坏性耕作，对实施土壤保护的地区给予经济补偿，激发其用养结合、提高地力的积极性，使其从保护黑土地中获得更多经济效益。黑土地保护利用要有承担任务的载体，像种粮大户、农民合作社等新型经营主体，有保护黑土地的强烈意愿，又有培肥黑土地的条件，可以优先安排。

保护耕地就是保护我们自己和子孙后代。城镇化大潮中，农民可以非农化、兼业化，但耕地不能非农化、贫瘠化。当前特别要强化对东北黑土地的特殊保护，让“长牙齿”的硬措施来决定黑土地的前途。

（刊发于 2021 年 4 月 20 日时评版）

像抓粮食一样抓畜牧业

当前，畜牧领域有两件大事引人关注。一是国家推动运猪转向运肉，二是增强牛羊肉供给能力。经国务院同意，自 5 月 1 日起，全国划为 5 个大区实施分区防控。除种猪、仔猪等外，其他生猪不向大区外调运，即运猪转向运肉。此外，农业农村部发布《推进肉牛肉羊生产发展五年行动方案》，未来牛羊肉供给能力将得到提升。这两件事表明，要从重要农产品保障的高度、农牧结合的角度、种养循环的深度，来思考如何推动畜牧业高质量发展。

民以食为天，食饭也食肉，畜牧业在农业中的地位越来越重要。畜牧业是农村改革的先行领域，较早实现了市场化。如今，我国多数畜产品产量居世界第一，主要畜禽规模化养殖率比 2000 年提高了 30 多个百分点，畜牧业国家级农业龙头企业占比约一半，畜牧业产值占农业总产值的比重在上升。畜牧业已从乡村家庭副业成为农业支柱产业。

值得注意的是，最近几年畜牧业保供给难度明显加大。与粮食连年丰收、价格稳定不同，畜牧业年度产量差异较大，价格周期波动明显。2014 年，生猪价格振荡下降，鸡蛋价格跌至低点，家禽业严重亏损。2020 年，多数畜产品已是不同光景。近年来，猪禽生产的阶段性过剩和阶段性紧缺交替，一旦供应紧张、价格上涨，社会反应就很强烈。这说明，抓好畜产品供给不是一件简单的事。如何避免生产大起大落，亟待从发展机制上寻求突破。

同时，廉价畜产品进口冲击日益严重，牛羊肉、乳品、猪肉等进口量都在增长。这是畜产品竞争力不强，国内外价格倒挂所致。竞争力不强突出表现在劳动生产率、畜禽生产力、饲料转化率不高。以生猪为例，我国年场均出栏仅几十头，而美国年场均出栏约 1700 头。我国每头母猪可提供出栏肥猪 15 头，而养猪强国丹麦可达 22 头至 26 头。

目前，我国人均动物蛋白日摄取量超过了世界平均水平，但远低于发达国家水平；人均奶类占有量不到世界的 1/3、亚洲的 1/2；肉牛肉羊养殖方式落后，牛羊肉供求矛盾突出。随着生活水平的提高，人们对畜产品的要求越来越高。预计今后 5 年，我国每年还有 80 万吨肉类、100 万吨奶类的消费增量。尽快提升畜牧业发展水平，已成当务之急。

纵观全球，凡是农业发达的国家，畜牧业大多也很发达。我国人均耕地面积小，种植业受规模限制突出。人们常说守住 18 亿亩耕地红线，很多人没有意识到，我国草原面积有 55 亿亩，占国土总面积的 2/5，是发展畜牧业得天独厚的优势。相对而言，畜牧业资金密集度更高，技术集约化优势更明显，在经营规模上更容易突破。在农业现代化进程中，畜牧业可以率先实现现代化。

从历史看，我国自古偏重种植业，畜牧业一直是辅助部门，得不到应有的发展。而欧洲一直重视畜牧业，13 世纪时畜牧业和种植业就已平分秋色。从地理看，打开地图，从黑龙江黑河到云南腾冲的“胡焕庸线”，是典型的农牧分界线，这条线往东往南是主要的农区，往西往北则是主要的牧区。从大农业的结构上看，粮经饲结构不合理，种养比例不协调，农牧结构不科学，制约着传统农业向现代农业转变。

像抓粮食一样抓畜牧业，并不意味着要套用推动粮食生产的手段来推动肉蛋奶生产，而是要提高重视度；并不是说要攀比政策扶持力度，而是说要从食品安全的角度正视其地位。畜牧业和种植业不一样，有关部门要转变以往“抓产业就是抓产量”的思路，多在体制机制上寻突破，多在质量效益上下功夫，多从整个国土资源上做文章，下好畜牧业与种植业的融合发展棋。唯有如此，才能跳出畜牧来发展畜牧，形成我们的比较优势。

（刊发于 2021 年 4 月 27 日时评版）

振兴奶业要“动”一下奶酪

乳企2020年年报相继出炉。数据显示，“国内奶酪第一股”妙可蓝多奶酪业务同比增长125%，国内最大乳企伊利股份奶酪产品总营收同比大涨813%……奶酪产品快速增长成为一大亮点。

过去的几个月，乳企纷纷进入奶酪市场。蒙牛以30亿元控股妙可蓝多，三元将奶酪业务纳入公司战略级项目，君乐宝首次推出儿童奶酪产品，等等。若以发展奶酪为牵引，调优乳品结构，调高行业品质，推动奶业振兴，不失为一计良策。

奶酪是由牛奶经过发酵、凝固、去除大部分水分制成的。我国有着悠久的奶酪食用历史，各民族的奶酪食品传承至今。近年来，西式餐饮在国内迅速发展，带动了现代奶酪业的发展，奶酪进口已连续十多年快速增长，市场需求旺盛。不过，相对奶业发达国家，我国人均奶酪消费基数仍然较低，2020年只有0.23公斤，消费局限于高端消费群体和民族地区，与国外大众化消费还有较大差距。

在大农业范畴，奶业是国际竞争最激烈的行业之一。我国乳制品关税水平低，国内外市场联动后，进口廉价原料奶的冲击使得国内奶牛养殖业不振。2014年到2017年间，国际大包粉价格大幅下跌，国内奶牛养殖企业面临生鲜乳被拒收的尴尬。有数据显示，目前我国奶源自给率不足70%，奶业发展面临供需结构不平衡、产业竞争力不强、消费引导不足等问题。发展奶酪业，增加乳品消费、推进产业升级，不仅有利于破解以上难题，也可成为促进国内奶业振兴的重要抓手。

首先，有利于奶牛养殖业发展。奶业振兴，离不开消费引擎拉动。奶酪是使用原料乳最多的乳制品，生产1公斤奶酪需要10公斤牛奶。目前，我国人均乳制品消费量每天100克，远未达到《中国居民膳食指南》推荐的每天300克的标准，只有亚洲平均水平的1/2、世界平均水平的1/3。在奶业发达国家，奶酪属于日常饮食，品种十分丰富，占乳制品消费量的70%。可见，发展奶酪业可激活一池春水，增加优质奶源需求。

其次，有利于构建和谐稳定的产销关系。过去，我国奶业存在“奶荒”与“奶剩”交替的情况，一些乳企在“奶荒”时四处抢奶，在“奶剩”时压价压级。由于利益联结机制不够完善，在生鲜乳收购中，加工企业相对掌握话语权，养殖场户常处于较为弱势地位。而很多品种的奶酪能够长期保存，在生鲜乳生产相对过剩时生产奶酪，有助于解决季节性供需不平衡问题。发展奶酪生产，能起到“蓄水池”作用，促进养殖与加工更加顺畅。

不仅如此，发展奶酪业，还有助于促进婴幼儿配方乳粉业发展。婴幼儿配方乳粉是我国奶业曾经的痛点，也是千万家庭关注的一个重点。我国每年不仅要进口配方乳粉，还要进口40多万吨乳清粉用作婴幼儿配方乳粉生产。乳清粉是婴幼儿配方乳粉的必需原料，又是奶酪的副产品。发展奶酪产业，能带动乳清粉生产，可以支撑我国婴幼儿配方乳粉业发展。

从全球看，奶酪产量年均增长2.2%，奶酪是全球所有主要市场中需求量唯一持续增长的乳制品。从中国看，我国超4亿中等收入群体、人均GDP突破1万美元，奶酪消费增长的动能强劲。基于此，笔者以为，我们不妨以发展奶酪业为契机，把中国奶业的竞争力做成世界一流，实实在在掌握产业发展主动权。当我们有勇气面对和解决信心背后的产业提升问题时，国产奶的振兴机会就到来了。

（刊发于2021年5月11日时评版）

大农业不能忽视小农户

第七次全国人口普查结果公布后，乡村人口的变化引人关注——与2010年相比，乡村人口减少16436万人；乡村60岁及以上老人的比重高出城镇7.99个百分点。

随着城镇化与农业现代化相互协调，今后靠谁来发展现代农业？在乡村人口总量减少与老龄人口比重增加的大背景下，大农业真会替代小农户吗？摆在我们面前的这些现实问题，的确值得探讨。

农业农村工作之所以重要，既因为其保供给的功能关系城乡居民饭碗，又因为其保稳定的功能关联亿万农民生计。我们要树立大历史观，遵循历史规律把住农业发展方向，从历史进程审视农村改革方位。进入新发展阶段，农业农村的基础性地位没有改变，"大国小农"的基本农情没有改变，土地仍是农民的"命根子"，而改变分散的农业经营方式是个较长的历史过程。实践中尤其要注重惠农政策的公平性，防止人为垒大户、排挤小农户。

小农户数量占我国2.07亿农业经营户的98%，其从业人员占农业从业人员的90%，经营面积占总耕地面积的70%。无论过去还是现在，小农户始终是农业的主力。农业现代化需要规模，但也不能脱离实际，盲目搞以土地集中为特征的规模经营。因此，中央文件的提法是"适度规模经营"，"适度"两字很关键。我们说走中国特色农业现代化道路，最大的特色就是小农户众多并将长期存在，要把小农户引入现代农业发展轨道。

以农村土地流转为例，如果只讲效益效率，那就应该大规模引进工商资本，经营规模越大越好，这样可能会很快提高农业产值。但倘若老板大量代替老乡，也可能给农业农村带来许多社会问题。新阶段推进农业农村现代化，涉及的利益主体更加多元、关系更加复杂，难度也越来越大。要保持足够的历史耐心，不能急于一时，不能寄于一事，应把握好时度效。

早在2017年，中央就提出要处理好培育新型农业经营主体和扶持小农生产的关系。目前，225万个农民合作社带动1亿小农户，90万家农业社会化服务组织服务7000万农户。虽说成绩不小，但差距也不小。不少地方支持“三农”的政策越来越多，但面向小农户的普惠性政策不多，支持新型主体的政策也较少把带动小农户作为约束条件。这导致企业和农户竞争有余、合作不足，有的地方农业规模越来越大，但农户参与程度越来越低，且不能获得合理增值收益。

因此，尽管出现乡村人口总量减少与老龄人口比重增加的情况，今后很长一段时间里仍要坚持家庭经营基础性地位、现有土地承包关系不变。在此基础上，应通过承包地“三权分置”、宅基地“三权分置”和农业社会化服务，探索多样多变的农业经营方式，优化土地资源配置，带动小农户、提升小农户、支持小农户，走同现代农业相结合的道路，最终形成不同主体优势互补、分工合作的格局。

一方面，围绕带动小农户，提升新型主体联农带农能力。支持有条件的小农户成长为家庭农场，支持小农户、家庭农场通过联合与合作发展合作社，让合作社真正为农，使小农户共享合作收益。

丹麦生猪养殖企业皇冠集团，总资产近300亿元，是合作社办的。恒天然集团是新西兰最大的公司，也是合作社办的，由10万名奶农共同拥有。合作社办企业可让农户获得更多收益，不妨支持培育一批类似的社办企业。

另一方面，围绕提升小农户，建立支持小农户发展的政策体系。要在稳定耕地地力补贴、农机购置补贴、生产者补贴等普惠性补贴政策基础上，创新补贴机制、提高补贴效能，聚焦提升农民技能、改善设施条件、增强抗风险能力等，引导小农户参与农业多种功能开发，发展富民乡村产业。

（刊发于2021年5月18日时评版）

袁隆平留给中国种业的“种子”

“杂交水稻之父”袁隆平日前在湖南逝世，包括种业工作者在内的人们纷纷缅怀。袁老说过，“人就像种子，要做一粒好种子”。如今，他走了，却将创新与奋斗的“种子”留给了后来人。对中国种业来说，要从他身上汲取智慧，以“顶天立地”的姿态，持续推进种业创新，加大种业科技推广，最终打赢种业翻身仗。

袁隆平给我国水稻育种以信心，但我们不能骄傲，要正确认识我国种业现状。尽管水稻和小麦育种是我们的强项，但要看到玉米、大豆竞争力还不够强。尽管外资企业占我国种子市场份额只有 3%，进口种子占全国用种量只有 0.1%，但要看到个别蔬菜、白羽肉鸡等种源都不同程度地依赖着国外。尽管农作物自主选育品种面积占比超过 95%，畜禽核心种源自给率超过 75%，但要看到商业化育种体系尚未完全建立，种业创新与农业生产在某种程度上还是“两张皮”。一句话，对比种业发达国家，我国种业仍处于上升期。

其实，现代种业发展的时间很短。以 2000 年种子法实施和“种子工程”启动为标志，中国现代种业才算真正诞生，并用 20 年的时间走过了西方国家上百年的历程。成就举世瞩目，但形势也很紧迫。当前，种业内外部环境发生深刻变化。观察国内，全面推进乡村振兴对种业提出更高要求，既要高产高效又要绿色优质，迫切需要有一个大的突破。放眼全球，种业兼并重组已经完成，形成了三大巨头。世界种业正迎来以基因编辑技术为标志的新一轮科技革命。随着种业外部因素不确定性增加，种业“卡脖子”的弊端日渐显现。

种业“卡脖子”弊端，并不是说我国育种的基础研究不足，更多指的是育种的组织方式不优。我国育种人员数量和论文数量居世界第一，科研实力属世界一流，但出大品种的能力却不是世界一流。长期以来，科研单位闷头搞科研，主要聚焦发论文、评职称、做课题，缺少产业化的精力和能力。而种子企业普遍小、散、弱，多数只负责销售、推广，没有科研的实力和能力。对比国外，我国相关企业原始创新能力不足，创新人才大多仍在科研院所。

可见，种业打翻身仗，不仅是品种应用上的翻身，更多的是技术创新上的翻身。新品种选育要靠很多育种材料经过上千次的组合，历时多年才可能成功，很多人终其一生也没能培育出一个品种。育种是个小概率事件，只有技术优化、基数大了，选育成功的机会才会大。当今世界种业强国已进入“常规育种＋生物技术＋信息技术＋人工智能”的育种 4.0 时代，我国大多是经验育种，处在以杂交育种为主的 2.0 时代。以基因编辑技术专利为例，美国申请 1070 件，我国申请 700 余件。表面上看，有数量差距但不是很大，可关键是，我国申请的相关专利大多是处在技术体系的中间层，缺乏顶层核心技术和底层落地技术。

突破“卡脖子”、打赢翻身仗，要做到“顶天立地”。“顶天”，就是掌握原始创新、走在科技前沿，在关键核心技术研发和重大品种培育方面取得突破。“立地”，就是把论文写在大地上，把成果送到农民手中，不断把试验田里的产量变成农民地里的产量。“顶天立地”的核心要义是鼓励科研人员为企业育种、到企业育种、同企业育种，让企业成为商业化育种的主体，成为种业创新的主体。袁隆平领衔的杂交稻的成功同样离不开与科技协作、产学合作。因此，要推动育种资源、人才在科研院所和企业之间合理流通、协同发力。科研人员就像一颗颗螺丝钉，选育什么样的品种，要由种子企业成立品种委员会，讲究团队作战和资源共享，综合市场需求、产业需要等因素来确定。

当有了一个个知名的育种家，当一批批有影响力的种企脱颖而出，中国种业才能迎来高光时刻。

（刊发于 2021 年 5 月 25 日时评版）

把握乡村振兴促进法精髓

6月1日，乡村振兴促进法正式施行。这是我国“三农”领域的一件大事。从乡村振兴战略规划到中国共产党农村工作条例，再到乡村振兴促进法，乡村振兴战略的四梁八柱已基本构建起来。在“三农”工作重心实现历史性转移的节点上，把握好乡村振兴促进法的精髓，才能确保各地的实践不松懈、不变调、不走样。

在制定这部法律前，农业农村领域已有很多法律法规，宏观层面的有农业法、畜牧法、土地管理法，专业的如种子法、农产品质量安全法、农民专业合作社法。为何还要制定一部专门指导乡村振兴的法律？原因有很多，先从两个维度来看。

一方面，乡村发展积累了很多宝贵经验，这些经验的共性部分需要固化和推广。以往，很多地方也强调“三农”工作的重要性，但常常“说起来重要、做起来次要、忙起来不要”。乡村振兴落地落实，要真刀真枪地干、真金白银地投。立法将更加明确乡村地位的重要性，更加明确如何让乡村更好发挥功能，将已有行之有效的政策、制度、措施法定化。通过法律规定乡村振兴最低限度必须做成什么样，任何地方都不能毫无作为。

另一方面，乡村发展也有一些深刻教训。在推进工业化、城镇化过程中，很多乡村在一定程度上受到损害，陷入人、财、地“失血”的困境。实施乡村振兴战略以来，各地农民生活、乡村面貌得以改善，但也有极个别地方违背乡村发展规律、违背农村实际，把好事办成了坏事。治理乡村振兴过程中出现的难点、痛点，比如耕地流失、减少，生态受到破坏等，要有硬措施。这部法律就是要让一些地方不能肆意妄为，让一些地方不能急躁冒进，给一些地方画红线、设底线。

乡村振兴战略提出已 3 年有余，我国乡村格局正处在大演化大调整时期。全面推进乡村振兴，遇到的挑战更多样，利益关系更复杂。在乡村振兴促进法实施之际，有必要以法律为准绳，重新审视乡村振兴的关键点。

全面推进乡村振兴，要有促进城乡融合的高度。城市和农村是命运共同体，从地图上看，城市是一个点，乡村是一大片，城市的发展要靠乡村的托举。衰弱的乡村无法承载繁荣的城市，而振兴乡村也涉及城乡关系的深刻调整。因此，这部法既是“三农”领域的基础性法律，也是有关城乡融合的上位法。该法开设城乡融合专章，对社会事业、公共服务、产业协同等做出明确规定。在笔者看来，关键是坚持农业农村优先发展，在要素配置上优先满足，在资金投入上优先保障，在公共服务上优先安排。

全面推进乡村振兴，要有维护农民利益的厚度。“三农”工作的核心是农民问题，农民问题的核心是收入问题。说一千道一万，增加农民收入是关键。伴随乡村建设行动，一些地方酝酿大拆大建，一些地方打起农民土地主意。要坚持农民主体地位，多听农民呼声，多为农民着想。把农民最关心的利益问题，一件一件找出来、解决好，不开空头支票。用好乡村的耕地、农房，让农民更多分享产业链和土地增值收益，让农村改革的好处更多惠及农民。

全面推进乡村振兴，要有拓展农业功能的深度。乡村振兴离不开对农业功能的科学把握。随着经济发展，虽然农业在国民经济中的比值在下降，从 1952 年的 50.5% 降到 2020 年的 7%，但农业的多种功能日益凸显。除了食品保障之外，生态涵养、休闲体验、文化传承等功能开始被人们关注。绿色食品滋补人们的胃，稻田林地涵养人们的肺，乡愁情感抚慰人们的心……如果说城市让生活更美好，那么乡村就应让人们更向往。振兴乡村，要保障好农产品供给安全、保护好农村生态屏障安全、传承好优秀乡村文化。

（刊发于 2021 年 6 月 1 日时评版）

养猪场户亏损苗头不可小视

生猪生产持续恢复，生猪价格不断下降。当前，很多居民感到猪肉便宜了。不过，由于盈利空间挤压和养殖成本提高，一些外购仔猪育肥的养殖户已有明显亏损。面对眼下养殖效益总体下滑、养殖场户出现亏损的苗头，稳定生猪生产尤为要紧，须臾不能放松。

生猪产业恢复发展的成效，不仅在于提前半年完成产能恢复目标，还在于一些长期困扰行业的瓶颈得以解决。比如，生猪养殖用地、猪场环境影响评价等困扰行业多年的问题取得重大政策突破。生猪养殖用地按农用地管理，不需要办理建设用地审批手续。禁养区划定不盲目扩大，也不是简单搬迁关停。更重要的是，地方政府对生猪产业的重视度得以提升，一些以往明目张胆提出打造“无猪市”“无猪县”的行为得到收敛。

眼下，生猪养殖进入高成本阶段。2020 年以来，受效益带动和政策驱动，养殖场户补栏生猪的积极性高涨，带动仔猪价格大幅上涨。同时，由于玉米、豆粕价格上涨，饲料占养殖成本的最大头，生猪养殖成本总体上涨。此外，规模猪场固定投资大，存在新建猪舍、购买设备等刚性成本，非洲猪瘟疫情又增加了动物防疫、粪污处理等方面的成本。

面对这样的形势，养殖场户的分化明显加剧。从不同养殖模式来看，自繁自育的养殖场户盈利情况较好，外购仔猪育肥的养殖场户已开始亏损。从不同养殖主体来看，散养户亏损风险相对较小，规模养殖场亏损风险更高。不同企业间的养殖模式、管理水平、防疫能力差异逐步体现出来，这意味着，生猪产业高质量发展的关键点和猪肉市场调控的关键点同时来临。

生猪产业具有“一长一短”两个特征。“长”指生猪生产周期长，由饲养后备母猪到仔猪出生再到肥猪出栏需 18 个月；“短”指冻肉储备期短，按照有关要求最长也仅 10 个月。加之我国居民喜食鲜肉，少吃冻肉，使得猪肉稳产保供调控难度更大。从以往猪周期情况看，产能恢复虽然缓慢，但一旦猪肉供应完全恢复，价格便会大幅下跌。在这种环境下，一些养殖场户一旦资金紧张、实力不济，就可能大量淘汰母猪，为新一轮猪肉涨价埋下伏笔。

所以，要建立生猪生产逆周期调控机制。越是在可能亏损的时候，越要强化对生猪产能的保护与调节，确保基础产能稳定，做到早研判、早介入、早应对，防止生产大起大落。价格下跌时，优胜劣汰、一些场户出局是必然的，当务之急是确保优质产能留下来，保留基础母畜资源。同时，在当前产能已恢复的情况下，适当引导养殖场户根据行情变化放缓补栏增养速度，这对避免后期产能过剩有利。对养殖场户来说，个体无法决定市场猪价，但在成本管控方面有很大空间可挖。

生猪价格变化是市场规律作用的必然结果，不可能也没必要完全消除。在深化农产品价格形成机制改革的背景下，应坚持以市场自主调节为主，避免价格短期大幅上涨或下降。以往，我们应对价格过快上涨经验丰富，但对价格过急下降的工具箱准备不足、重视不够。这导致一些地方在实际操作中变成了“调高”不“调低”，对养殖场户的感受没有给予足够关注。其实，调高和调低不可偏废，此时的波谷可能孕育着彼时的波峰。

在市场常态化运行中，政府部门要做的主要是公共服务和行业监管。一是健全动物疫情防控和畜牧兽医服务体系，把非洲猪瘟暴露出来的短板补齐；二是完善信息采集、预警、发布机制。日前，由农业农村部、国家发展改革委、商务部等联合发布的生猪产品全产业链数据正式上线。这无疑是一件好事，打破了以往彼此数据空白或数据打架的情况，不过，发布的信息还要更接地气，要易于市场主体把握。

让老百姓有肉吃、吃得起，让养殖场户愿意养、有钱挣，尽快建立起现代化的生猪供给体系，这是摆在生猪产业面前的课题。

（刊发于 2021 年 6 月 8 日时评版）

农业产业要着力强链补链

市委书记担任食用菌产业链“链长”，市委副书记担任茶叶产业链“链长”……最近，湖北某市6名领导干部多了特色农业产业链“链长”的身份。这与日前农业农村部发布《关于加快农业全产业链培育发展的指导意见》不无关系。

这一指导意见提出，培育一批年产值超百亿元的农业“链主”企业，打造一批全产业链价值超百亿元的典型县。于是，农业全产业链概念开始流行起来。

当前，农产品市场竞争已成为不同区域间的农业全产业链竞争。从某种程度上说，我国农业产业链正遭遇发达国家占“高端”、发展中国家占“低端”的两头堵局面。“人均不过一亩三分地，户均不过十亩田”，是我国的基本农情。过去，劳动密集型小规模农业长期具有成本低的比较优势。如今，我国既要跟大规模型农业模式的美国、欧盟等竞争，又要跟劳动力成本低、特色农业资源丰富的一些发展中国家竞争。

这种市场竞争是全方位的，不仅要比初级农产品，还要比加工农产品；不仅要比生产品质，还要比流通效率。从这个角度看，我国农业全产业链加快发展，但仍存在薄弱环节。一方面，部分农业产业链的基础还不够稳固，有些原料在国外、加工在国内，国外一有风吹草动，就会对国内产业造成影响，极端情况下可能受制于人。另一方面，产业链条相对较短，加工层次不够、布局不合理，大多还在初加工阶段，有的原料在乡村、加工在城市。

可见，农业全产业链建设是重塑农业竞争力的关键之举，是从“大国小农”走向“大国强农”的必由之路。相对于二、三产业，农业是弱质产业，比较效益低。如果单就农业看农业，那么在资源有限的情况下，稳粮保供与促进乡村产业难两全、保护耕地与保障乡村产业用地难两全、农民种粮与促进农民多元增收难两全。如果跳出农业看农业，那么随着农业的多重价值持续释放，农业由传统部门转化为现代部门，农业产前、产中、产后与二、三产业的关联越来越紧。这恰恰孕育着农业现代化的希望。

现在很多市场主体都在打造农业全产业链。比如，有些养殖企业原来只埋头养猪，如今既做育种、饲料，也做屠宰、加工。又如，有些大米厂原来只知道制米，如今还把米糠加工成米糠油，把稻壳加工成活性炭。究其原因，是他们已经意识到产业链短的被动，见识到产业链高端的好处。只养猪则难以应对猪价大幅波动，全产业链可以控制成本，更重要的是屠宰加工后，变卖猪为卖肉，应对市场更从容。只加工大米则必然微利，毕竟粮食初加工产能过剩、利润微薄，而生产米糠油、活性炭等则利润翻了数倍。

知道全产业链道理的人应该不少，但能搞好全产业链的却没想象中那么多。山东寿光蔬菜、广东江门陈皮、甘肃定西马铃薯、湖北潜江小龙虾，这些既是强势农业区域品牌的代表，更是打造农业全产业链的典型，背后是大基地、大加工、大融合的支撑。这启示我们，全产业链打造要选准产业，首先是成长性要好，有标准化原料基地、集约化加工链条、品牌化营销渠道。同时，主体结构要好，既有龙头企业带动，还要有农民合作社、家庭农场、农户参与，更要有科研院所、金融机构、创意平台融入。

全产业链建设不以范围大小论英雄，可以是一域一链、一县一链，也可以是一园一链、一企一链。从现实考虑，以县域为单位打造是个不错的选择。不妨把全产业链主体放在县域，让产加销、农文旅在县域内就能无缝对接，在产业的体系性和完整性上做文章，促进要素在县域内动态循环起来。当务之急是要找出薄弱环节，按照产业规律，从抓产品到抓产业、从抓生产到抓链条、从抓环节到抓体系，给全产业链插上科技和金融的翅膀，从而促进价值链向中高端跃升。

（刊发于 2021 年 6 月 15 日时评版）

农业绿色发展要算好三笔账

麦收时节，某地麦田里出现了一桩怪事：一边是收割机马达轰鸣割着麦子，一边是农民开着拖拉机跟着洒水，抑制扬起的秸秆粉尘。农民的无奈之举源自地方的环保要求。被媒体曝光后，当地政府回应已介入调查处理。笔者认为，这反映出一些地方对环保政策的片面理解、不当执行，也让人们思考如何推动农业绿色发展。

中央多次强调“对国之大者要心中有数”，而粮食安全和生态保护都是“国之大者”。农业有三大主要功能，分别是保供给、保收入、保生态。既不能因为“前两保”而牺牲生态，也不能因为“后一保”而让国家粮食安全、农民收入出问题。我们强调的是绿色发展、生态优先，不仅仅是只要好看的环保数据，无论是发展产业，还是环境保护，最终都是为了人民美好生活需要。从这个角度看，诸如此类的割麦洒水、拆圈除栏等“一刀切”的环保整治办法都是念歪了“环保经”，也不符合有关法律法规的要求。

农业发展的底线是绿色。从三大产业来看，农业和环境最相融，稻田是人工湿地，菜园是人工绿地，果园是人工园地，都是“生态之肺”。近年来，个别地方农业在快速发展的同时，生态环境却亮起了“红灯”。推进农业绿色发展，就是要在保障粮食安全的同时保护农业生态环境，彰显农业绿色的本色，从思想观念到方式方法、从政策举措到工作安排全面变革，算好三笔账：算大账抓主抓重，算总账统揽统筹，算细账落细落实，实现可持续发展。

推进农业绿色发展要算大账。绿色大路千万条，绿色产出第一条。2017 年，中办、国办印发了《关于创新体制机制推进农业绿色发展的意见》。这是党中央出台的第一个专门关于农业绿色发展的文件。2021 年的中央一号文件提出“推进农业绿色发展”，内容涵盖耕地保护、投入品减量、废弃物资源化利用、优质农产品认证等各方面。仔细研究这两份文件，不难得出一个推论：农业绿色发展的落脚点，是围绕解决资源错配和供给错位的结构性矛盾，根据资源环境承载力确定合理的开发强度和范围，把资源利用过高的强度降下来，把面源污染加重的趋势缓下来，利用有限资源生产更多优质农产品。

推进农业绿色发展要算总账。农业绿色发展是个矛盾统一体。保护农业生态环境就是发展农业生产力，保护耕地是最有效的囤粮手段，保护山水林田湖草就是积攒鱼虾蟹肉蛋奶。尤其要避免把农业生产与生态环境保护对立起来。近年来，一些地方为了环保效果，简单采取减少种植、关闭养殖的做法，失去了绿色发展的本意。以生猪养殖为例，既不能取消环保要求，也不能不顾现实一关了之。“养猪场是环境污染大户”，这是拿老眼光看养猪，并不科学。通过粪污无害化处理，可以做到既环保，又吃到猪肉。在实践中，不能打着环保的旗号搞“去畜化”，而要实事求是破解难题，在生产发展的同时解决可能的养殖污染问题。

推进农业绿色发展要算细账。种植业的秸秆和养殖业的粪污都是放错了地方的资源，如果能合理利用，就会变废为宝。针对农业生产的副产品，在政策措施上要疏堵结合，以疏为主，找到合理利用出路。破解秸秆和粪污问题，表面在农业，出路却广泛分布在一、二、三产业中，需要统筹种植养殖、加工、能源等环节。以秸秆处理为例，就有肥料化、燃料化、原料化、饲料化和基料化五大方法。各地所处的阶段不一样，采取的手段应有所不同，要立足本地实际把农业绿色发展落细落实。

（刊发于 2021 年 6 月 22 日时评版）

抓住特色亮点促农业转型

眼下，全国夏收已近尾声，大规模麦收基本结束。很多人可能没意识到，地处华北的北京、天津、山西既有麦田，又有稻田。因为北京的京西稻、天津的小站稻、太原的晋祠大米口碑不错，近年来市场供不应求、种植面积持续增加，在一定程度上凸显出特色农业的重要意义。

提到大米，人们会想到粳米的代表东北大米，也会想到籼米的代表南方大米。然而，能够从这两者中突围的京西稻、小站稻及晋祠大米，若无过人之处，恐怕很难占牢一席之地。分析起来，京西稻、小站稻和晋祠大米，不仅在于地理环境带来的品质保障，还得益于其是重要农业文化遗产，消费者既有尝鲜的意愿，也有怀旧的情怀。近年来，这些地方又以稻田为基地，拓展农业的休闲观光、生态涵养、文化传播等多种功能，积极推动品牌建设，给予地理标志保护，从品种选育、绿色栽培到收储加工实现了品种振兴和品牌重塑，成效显著。

搞旅游讲究特色化、差异化，农业亦然。当前，我国农业正从偏重规模和数量的“吃饭农业”向更加依靠质量和效益的现代农业转型。可以说，农业的主要矛盾已经由总量不足转变为结构性矛盾，表现为农产品阶段性供过于求和供给不足并存，而矛盾的主要方面在供给侧，且主要是结构性问题。其中最大的问题是，农业的同质化程度高，品种布局缺乏差异化、生产模式缺乏差异化、品牌打造缺乏差异化，导致时不时出现滞销卖难。

对比消费者日益增长的多元化、个性化需要，农业生产大而不强、多而不优的问题仍然突出。要使农产品供给数量充足、品种多样、质量优良，就要推动农业由“卖原料”向“卖加工品”转变，由“卖大路货”向“卖特色产品”转变，由“卖产品”向“卖服务”转变，实现全环节提升、全链条增值、全产业融合。生产两端、农业内外、城乡两头，成为农业差异化发展的新方向。

生产两端调结构。多的减下去，少的提上来，这是一个简单而深刻的道理，却切中了现代农业发展的核心要义。要增加绿色、有机等优质、特色农产品供给，适当调减滞销品种生产，减少一般、过剩农产品供应，减少无效和低端供给。在此过程中，要处理好政府和市场的关系。政府的主要职责是营造良好的市场环境，加强对农业的支持与保护，调什么、如何调则应由农民和各类经营主体根据市场变化和自身情况自主决定，避免“一窝蜂”。

农业内外谋效益。历经漫长岁月的农业，正面临着千年未有之变局。在一、二、三产业融合发展的当下，既要聚焦农业发展农业，又要跳出农业发展农业。要立足地方特色，贯通产加销、融合农文旅，通过“一纵一横”打造农业全产业链，找回农业的价值所在、效益所在。“一纵”，就是纵向拓展新产业，贯通产加销，将生产向加工、流通、品牌、销售拓展，创造新供给。“一横”，就是横向拓展新功能，融合农文旅，将农业向休闲、旅游、文化、教育拓展，催生新业态。由此来看，都市农业也好，功能农业也罢，都是统筹农业内外的产物。

城乡两头树品牌。有的农产品之所以能火，是由于产地因素而风味独特，而随着规模扩大、销路打开，因品牌打造不足、保护不力，导致“劣币驱逐良币”发生。目前，我国正探索以区域公用品牌、企业品牌、产品品牌为框架的农业品牌发展路径。品牌是品质的背书，地理标志农产品正是连接上述三大品牌体系的关键。各地加强农产品地理标志管理和农业品牌保护，主要从两个“三品”上做文章：在产品结构上，发展绿色、有机、地理标志农产品；在生产方式上，推动品种培优、品质提升、品牌打造。

总之，如果说资源是农业的第一生命，那么特色则是农业的第二生命。在我们迎来中国共产党成立一百周年的重要时刻，历史性地解决了绝对贫困问题，我们一定要锚定农业差异化发展新方向，紧紧抓住“特色”二字夯实基础，力促传统农业向现代农业加快转型。

（刊发于 2021 年 7 月 6 日时评版）

培育更多有引领性的农业科技企业

全球最大农业科技公司先正达集团即将登陆科创板。近年来，围绕先正达集团和相关企业的新闻备受关注：4年前，中国化工完成收购瑞士先正达，成为中国企业迄今最大的海外并购案；2020年，中化集团、中国化工宣布，将旗下全球农业资产注入新设立的先正达集团；今年，中化集团与中国化工联合重组，先正达即将上市，再次令行业瞩目，也让人对本土农业科技企业的培育增加了关注度。

作为全球最大的农产品生产国、最重要的农产品贸易国，我国要有自己的国际大粮商和农业科技巨头。有了自己的国际大粮商，才能掌握国际粮源和价格话语权，这对保障国家粮食安全意义非凡；有了在种子、植保、农化等关键环节和核心领域占据主动的中国企业，才能实现农业科技自立自强，这对提高我国农业竞争力十分重要。眼下，中粮集团已成为与“四大国际粮商”旗鼓相当的大粮商，而先正达集团也成为我国自己的世界一流农业科技企业集团。

农业的出路在科技，创新的主体在企业。让农业插上科技的翅膀，必须要有引领性的农业科技企业。据有关部门2019年的一项调查，在作物种业、农机装备、原创农药三大领域的高科技企业竞争力方面，我国前3强企业与国际前3强企业相比，专利申请量、销售额、国际市场占有率等差距明显。以销售额来说，作物种业领域国际前 3 强企业是国内企业前 3 强总和的 20 多倍，农机装备领域是 17 倍，农药领域超过 10 倍。

现代农业是资本密集型行业，也是技术密集型行业。我国是世界第一大农药生产国、世界第二大种子市场，但我国种业和原创农药企业整体上规模小、技术水平较低。原创农药企业每年投入研发费用较高，一般占总销售额的 9%~13%，我国大多数农药企业研发投入仅占销售额的 1%~2%。尽管我国农业生产用种安全有保障、风险可控，但种业创新的人才、成果大多不在企业手中，实质性科技领先的种业企业屈指可数。

农虽旧业，其命维新。以往那种认为农业没有科技创新、种粮没有技术含量的观念早已过时。新一轮科技革命和产业变革正在发生，生物技术、智能化技术、新材料技术等先进技术加速向农业领域渗透。在此背景下，世界农化行业格局发生巨变，行业集中度进一步提高。

今后要重塑我国农业科技企业版图，形成农业科技企业矩阵，既需扶持培育大而强的领军企业，也要支持发展专而精的特色企业。要引导金融、社会资本参与，采取差别化扶持政策，提升企业差异化竞争能力，必须着力打造三类企业。第一类是航母型领军企业，具有产业主导能力的“航母”，最具资本、技术、人才优势。第二类是特色优势企业。支持其在经济园艺作物、畜禽地方品种等细分市场发挥作用，打造“隐形冠军”。第三类是专业化平台企业，在重点环节上提供专业化技术支撑或服务的平台型企业。

要着眼全产业链和全要素，促进农业技术集成、创新要素集聚、龙头企业集群、特色产业集中。一方面，着眼全产业链协同促进要素集聚，围绕主导产业，聚焦全产业链中品种研发、高效种养、精深加工等环节，实现优势科研团队、优秀企业、优质基金深度融合、联动发展。另一方面，着眼全要素集聚推动产业发展，推动科技、人才、资本等集聚在一个产业上，补齐要素短板，形成集团作战优势，提升单个要素的边际效益，让没的变有、让弱的变强、让强的更强。

（刊发于 2021 年 7 月 13 日时评版）

种业振兴关键要突破重点难点

日前，中央全面深化改革委员会第二十次会议审议通过《种业振兴行动方案》。会议提出，农业现代化，种子是基础，必须把民族种业搞上去，把种源安全提升到关系国家安全的战略高度。

种业是保障粮食安全的核心要素，也是提升农业竞争力的核心变量。从提出打赢种业翻身仗到部署推进种业振兴，中央对种业的重视一以贯之。本质上，种业振兴是农业科技的振兴，是种业企业的振兴，既是科技问题也是市场问题。推进种业振兴，既等不得、慢不得，也慌不得、急不得，要尊重育种科研规律和产业发展规律，步步深化、久久为功，集中力量破难题、补短板、强优势、控风险，最终实现种业科技自立自强。

要认识到我国种业问题是个结构性问题。在农作物种业中，水稻、小麦两大口粮最重要，我国已实现了100%自给，并在国际上具有竞争优势；玉米、大豆、诸多蔬菜品种，我国也具备相当高的自给率，但品种的竞争力还不够强；部分高端蔬菜等少数品种几乎完全依靠国外。以黄瓜为例，绝大多数人消费的黄瓜都是国产品种，但部分高端黄瓜品种如无刺黄瓜是国外品种。同时要看到，仅从种业外贸依存度来看，外资企业仅占我国种子市场约3%的份额；进口种子占我国用种量的0.1%，国外则远高于此。

屡次强调种业重要性，既是立足当下更是着眼长远，既为了避免在极端情况下被“一剑封喉”，也是因为现代育种体系尚未完全建立。国外主要是企业育种，实现了规模化、标准化，出品质的概率有保障；我国大多仍是课题组式育种，组织化程度低，多数种企盯着推广而非研发。比如，主流的基因编辑技术均被国外控制，我国在基因编辑工具、全基因选择算法等关键核心技术方面原创能力不足。可见，所谓种业卡脖子，主要不是供应链的卡脖子，更多是技术创新的卡脖子。

推进种业振兴，重点要在种质资源、知识产权、科企合作三方面寻求突破。

种业振兴，源头在种质资源。“巧妇难为无米之炊”，种质资源是种业原始创新的源头。袁隆平之所以能育出强优势籼型杂交水稻，就在于发现的那株野生稻“野败”。我国拥有 52 万份农作物种质资源，居全球第二。但是，完成资源精准鉴定的不到 10%，真正有用的基因还没被完全挖掘。同时，种质资源多来自国内，群体遗传基础狭窄，选择空间有限。我国畜禽遗传资源占全球 1/6，但面临资源消失风险加剧、地方特色资源开发不够等问题。所以，护好用好种质资源，才能下好先手棋。

种业振兴，基础在知识产权。长期以来，我国种业知识产权保护不够，大量“换个车灯就是辆新车”的所谓新品种层出不穷，这类新品种跟突破性新品种差了十万八千里，限制了企业原始研发的积极性。2012 年，美国先锋公司没有获得许可就使用了孟山都公司的技术专利，被裁决赔付 10 亿美元。如果没有这种强有力的制度保护，就会出现“谁搞原始创新，谁就是冤大头”的情况。要把健全种业知识产权保护制度作为保障，既在品种审定上鼓励原始创新，也大力打击种业违法侵权行为。

种业振兴，关键在科企合作。种业投入大、风险高、专业性强，需要“产学研”相结合，“育繁推”一体化，任何一方缺位都不能说种业实现了振兴。要解决创新主体错位问题，育种企业和科研院所要形成创新共同体，加快育种资源、人才、技术在科研单位和企业之间的按需流动。要培育帅才型的育种家，有效整合科研资源，加快核心技术攻关。要弘扬企业家精神，用好“看不见的手”，打造种业领军企业。

（刊发于 2021 年 7 月 20 日时评版）

确保小农户在现代农业中不掉队

无人机企业从制造农业无人机转向输出植保服务，农资企业从传统农资销售向后端农业服务延伸，互联网平台融合线上线下布局农业跨区域作业，农机大户从农机作业向综合农事服务拓展，就连原本专注农村流通的供销社系统，也在加快向农业服务渗透。

眼下，越来越多的社会资本和市场主体正进军农业服务领域。笔者认为，农业社会化服务已成为实现小农户和现代农业有机衔接的基本途径，这也要求农业扶持政策逐步从补装备、补技术，向补主体、补服务转变。

小农户对我国有特殊而重要的意义。全国小农户数量约2.03亿，占各类农业经营户总数的98.1%，户均耕地10亩以下的农户约占农户总数的85.2%。无论是家庭农场、专业大户，还是农民合作社，都是由小农户发展、升级、合作而来。户均不过10亩田的小农生产方式，是我国农业发展要长期面对的基本现实，农业在相当长时期仍是几亿农民生存的基础产业。因此，无论是从发展现代农业，还是从增加农民收入角度出发，确保小农户在现代农业中不掉队都是重大课题。

现代农业不以土地规模论英雄。我国户均耕地面积仅相当于韩国的1/3、欧盟的1/40、美国的1/400。近年来，国家引导农村土地经营权有序流转，发展农业适度规模经营，其中“有序”“适度”两个词值得注意。现代农业是个有机体，单一要素规模的大小并不能决定效益的高低，土地规模并非越大越好。在我国，寄希望通过大规模集中土地，实现美国、加拿大那样的农场规模，既不现实也没必要。因此，在土地流转之外，还要发展农业社会化服务，来弥补超小规模的不足。只有发展农业社会化服务体系，才能使得在短期内不宜改变的小规模生产也能提高效率。

农业经营方式要以适用为王。现实中，相比单纯的土地流转或农户自耕，农业社会化服务模式有其独特优势。近年来，随着土地和人工成本上涨，大宗农产品生产的比较效益下降。同时，农业面临化肥农药用量大、技术装备普及难等问题。症结就在于农民组织化程度低，小农户存在不愿、不能流转，干不了、干不好等情况，迫切需要经营体系创新。而农业社会化服务可以避免大量租地带来的租金成本和其他弊端，还能以服务的现代化进一步推进农业的现代化。

当前，全国农业社会化服务主体已超过 90 万个，服务面积超过 16 亿亩次。发展农业社会化服务要从市场和政府两方面发力。

要创新农业服务模式。因地制宜发展单环节、多环节、全程生产托管等服务模式。在农户家庭经营意愿较强的地区，主要从推广单环节、多环节生产托管入手，逐步转变小农户的经营方式；在农业劳动力转移程度较高的地区，重点推广全程生产托管模式，着力解决“谁来种地”难题。在此基础上，创新服务主体与其他主体的组织形式。比如，服务主体可以与新型经营主体紧密联结，形成利益共享、风险共担的利益共同体。

要优化农业扶持政策。21 世纪以来，我国对农业的扶持手段日益多元，也越来越高效。过去直接根据种植面积补贴，后来加入补贴农业装备的推广，再到补贴先进技术的应用，党的十八大以来，对符合条件的有带动能力的新型经营主体进行补贴。如今，应立足新阶段，树立“补农业服务就是补农业，补服务主体就是补农民”的理念，持续加大和优化对农业社会化服务的补贴。

（刊发于 2021 年 7 月 27 日时评版）

生猪基础政策切勿“翻烧饼”

猪肉价格便宜了。7月份第四周，全国集贸市场猪肉价格同比下降52%。日前召开的国务院常务会议提出，针对当前供需变化，要遵循经济规律，更多用市场化方式缓解“猪周期”波动，确保生猪供应和价格稳定。笔者认为，稳价格关键在稳产能，稳产能关键在稳信心，稳信心前提是稳政策。所谓稳政策，就是要稳定长效性支持政策，用地、环评、金融等基础政策切勿“翻烧饼”“急转弯”。只有让养殖场户对政策没有后顾之忧，才能使其根据市场变化来决策。

生猪产业具有特殊性和外部性，如果没有稳定的长效性支持政策，很多地方会出现只愿吃肉不愿养猪的情况。对地方政府来说，养猪不仅会带来环保压力，又没有税收增益，对增加就业帮助也有限；对一些银行来说，贷款给养猪场性价比较低，活体畜禽难以作为抵押物；对一些发达地区来说，养猪不仅要占用大量土地，说起来一点也不“高大上”，不能凸显地方产业的层次。这些观念和尴尬现实制约着生猪产业发展。对此，必须用长效性支持政策来去除弊病，形成养猪场户稳定的政策预期。

经过两年的努力，我国生猪产能已从一度严重滑坡的状态，恢复到正常年份水平。不过，随之而来的是养殖利润不断下降，到今年6月份，养殖场户陷入了亏损。对此，多部门采取冻肉收储等举措，释放出关怀养殖场户的政策信号。7月份以来，猪价基本稳定在成本线附近。预计未来一段时期，猪肉供需总体平衡，养猪能够回到正常利润水平，但难回到高利润时代。

分析生猪产业问题，不妨先从扶持政策角度总结本轮产能恢复经验。要看到，各部门各地区出台系列支持生猪生产的政策，取得显著成效，产能和价格均实现预期目标。不过，短期性政策多，长期性政策少，养殖场户普遍期待把现有政策制度化。长效性政策是产业发展的良好外部环境，不同于生猪产能调控或猪肉储备调控，其本身不直接干预价格，符合市场经济规律。因此，各地在基础政策上不能搞“急转弯”，要把行之有效的长期性政策上升为行业高质量发展的长效性政策，并不断稳定和优化，在养殖户迫切需要的基础性公共服务方面有所作为。

此外，还需从养殖行业角度总结此前产能下滑教训。我国居民猪肉消费量年度间基本稳定，价格波动主要原因是产量波动。据测算，产量每波动1%，价格会波动6%~7%。而产量波动的症结还是生产方式相对落后，抗风险能力弱，市场主体预期与现实情况出现偏差。与发达国家相比，我国生猪养殖规模化水平较低，生产效率不高，动物防疫水平还有差距。在这种情况下，一旦遇到市场波动和疫情突袭，养猪场户容易追涨杀跌，投机性压栏和恐慌性出栏的问题突出。

从整体和长远看，产能下滑和恢复的转折，离不开生猪产业高质量发展，长效性支持政策服务于生猪产业高质量发展，缓解猪周期的钥匙也是生猪产业高质量发展。要在发展规模养殖的同时，帮扶中小场户提升养殖水平和决策能力。健全动物疫病防控体系，强化非洲猪瘟常态化防控。引导屠宰加工向养殖集中区域转移，鼓励就近就地屠宰，实现产销顺畅衔接。

（刊发于 2021 年 8 月 3 日时评版）

不可轻视都市农业的作用

日前，多个城市对都市农业进行新定位和新探索。《上海市乡村振兴“十四五”规划》提出，到 2025 年基本形成以都市现代绿色农业为代表的乡村产业体系；四川成都提出以科技赋能提升都市现代农业质效，布局建设智能农业装备、生物质能源等八大研发单元；广州白云区谋划“1234”现代都市农业规划布局，打造“一龙头、两园区、三基地、四产业带”。

都市农业与优势农产品生产区、特色农产品生产区，并称我国农业的“三大板块”。据统计，全国 36 个大中城市耕地面积接近全国的 1/9，蔬菜产量占全国的 1/6。然而，很多人不理解，为什么要在寸土寸金的城市搞种植业？一些城市也存在着忽视和弱化农业的倾向。如今，有的城市依然存在城乡二元结构的思维，或是把都市农业简单等同于传统农耕文化加观光休闲，忽略了城市要素，或是把发展都市农业理解为多发展企业、少扶持农民，忽略了农村要素。

都市农业与优势农业、特色农业最大的区别，在于直接承担着“保城市供应、稳市场菜价”的责任。当面对外地蔬菜调运困难、本地菜价暴涨的处境时，人们才意识到都市农业的必要性。作为国际大都市，北京和上海的农业占 GDP 的比重已不足 1%。然而，北京提出，“少数不等于小数”，农业绝不是可有可无的小数。上海提出，丝毫不能因农业比较效益低而放弃农业。理念结出硕果，北京每年选育的主要农作物新品种占全国的10%，上海绿叶菜常年自给率达80%。

都市农业“空间狭小”，却可以以小“搏”大。长期以来，都市农业面临耕地资源刚性减少、务农劳动力流失的问题。当前，大中城市的乡村空间正由不断收缩向基本稳定转变，都市农业正从农产品保障功能向多元复合功能转变。大中城市农产品市场容量大，居民购买力强，同时人才、资本、技术等资源要素聚集。随着城市规模越来越大，到处高楼林立，满眼钢筋水泥，市民渴望到农村看山望水忆乡愁，城乡工农关系迎来新变局。可以说，现代农业发展面临的共性问题也在大中城市不同程度的存在，但最有条件通过发展都市农业得到率先解决。

今年是“三农”工作重心历史性转向全面推进乡村振兴的第一年，能否开好局、起好步，大中城市扮演着重要角色。我国大中城市不少是大都市带大乡村、大城市带大郊区，推进乡村振兴和新型城镇化贯穿城乡融合发展全过程，离不开城乡协调、工农互促。从这个意义上讲，乡村振兴也是城市发展的机遇，都市农业也是产业升级的选择。即使在大中城市，今天的农业农村依然有很多烦恼，城乡差距也客观存在，直面烦恼和差距，就是直面中国城乡关系的最大现实，要靠改革创新，尤其需要担当。

这份担当，从大处看，就是要坚持工业反哺农业、城市反哺乡村，新型城镇化与乡村振兴一同推进，引导城市现代资源要素向城郊农村倾斜。这就包括对农业更精准的政策扶持、对农村基础设施补短板、对农民土地权益的保护、对集体财产权利的尊重等。从细处看，要紧扣当地资源禀赋和乡村文化底蕴，面向城市和市民“投其所好、供其所需、取其所长、补其所短、应其所变”，把都市农业建设成为城市“菜篮子”供给区、农业现代化示范区、农业先进生产要素聚集区，从而一头服务城市、一头富裕农民。

（刊发于 2021 年 8 月 10 日时评版）

健康的土壤离不开科学耕作

日前，经国务院同意，农业农村部等 7 部门联合印发《国家黑土地保护工程实施方案（2021—2025 年）》，明确“十四五”期间将完成 1 亿亩黑土地保护利用任务。

万物土中生，健康的土壤有利于农业可持续发展。黑土地是“耕地中的大熊猫”，对保障粮食安全和保护生态环境这两个“国之大者”都具有重要意义。健康的土壤本身是个生态系统，系统平衡时有一定的自我修复功能，然而系统能否平衡与人类的耕作模式息息相关。因此，保护耕地质量需要转变耕作方式，持之以恒地推进。

由于长期的高强度利用和不合理的耕作方式，我国耕地质量堪忧，退化面积较大、污染面积不少、中低产田比例大，同时有机质含量低、补充耕地等级低、基础地力低。土壤侵蚀、酸化和盐碱化是当前耕地退化的三大主要现象，具体表现为黑土地变薄、变瘦、变硬，长江中下游、西南区、华南区土壤酸化，西北灌溉区、滨海区盐碱化。

对黑土区来说，当前黑土地退化问题十分严重。按照《东北黑土地保护规划纲要（2017—2030 年）》，到 2030 年要实施黑土地保护面积 2.5 亿亩，基本覆盖主要黑土区。2015 年以来，有关部门实施黑土地保护利用试点 1050 万亩、保护性耕作面积 4606 万亩。目前，东北四省区耕地质量较 5 年前提升 0.29 等级。不过，已经实施综合性治理措施的黑土地面积占比较低，坡耕地水土流失仍较重，耕作层变薄和侵蚀问题依然突出，土壤有机质含量下降趋势仍未扭转。

面对这样的形势，当务之急是改变传统不合理的耕作方式，讲统筹、讲责任、讲科学，在此基础上构建农田质量建设管理制度体系。

耕地质量保护是一项基础性工作，要讲统筹。先天不足的农业资源禀赋、超多人口的粮食供给压力，使得我国耕地长期遭到超强度利用。在利用强度不可能短期大幅下降的情况下，对耕地进行保护是个世界级难题。近年来，针对湖南重金属污染区和河北地下水漏斗区开展的综合治理试点工作，取得了明显成效，积累了宝贵经验。这个经验就是“在利用中保护，在保护中利用”，改变传统耕作模式，统筹化肥和农药、秸秆和籽实、种植和养殖，既保障重要农产品供给，又促进农业可持续发展。

耕地质量保护是一项公益性工作，要讲责任。相比于数量而言，质量没有那么具体可见，守没守住数量红线容易判断，守没守好质量红线则难轻易作答。呛人的雾霾、变色的河水意味着大气和水污染的存在，而一般人很难从外表分辨出受污染和退化的土地。要将黑土地保护利用作为落实粮食安全党政同责的重要指标，以政府投入为主，带动社会和农民的投入。同时，“谁破坏谁治理、谁保护谁受益”的一般原则对耕地质量保护依然适用。应在动态监测耕地质量基础上，强化农民和经营主体保护黑土地的责任，以正向措施激励经营主体用好管好良田沃土。

耕地质量保护是一项长期性工作，要讲科学。黑土层数百年才能形成1厘米，养地也要多年才能显成效。吉林省梨树县与中国农业大学等推广保护性耕作技术10多年，形成了“梨树模式”，但也不能说已解决了黑土地变薄的问题。目前，各地围绕工程、生物、农机、农艺等方向，探索出了一批治理模式。然而，耕地质量保护不只是土壤改良，更要提高土地长期的综合产能，要因地制宜实施、集成组装应用，把农业发展的动力从外部的大水大肥投入转到依靠自身地力上来，从而实现高产稳产，这需要持之以恒的耐心。

（刊发于2021年8月17日时评版）

“农民工”不再是体力劳动者代名词

日前，北京市外来新生代农民工监测报告发布。报告显示，2020年北京新生代农民工占比达到50.1%，从事IT行业占比大幅提高，在所有行业中增幅最大。

继2017年新生代农民工比例在全国范围首次过半后，该群体比例在北京也实现过半。这意味着，我国农民工结构已发生深刻变化，新生代农民工成为该群体的主力军。随着农民工群体代际更替出现的质变，“农民工”3个字不再是体力劳动者的代名词。把握好新生代农民工带来的人口红利，既是推进新型城镇化的关键，也是经济高质量发展的关键。

新生代农民工指1980年以后出生的农民工，他们的常住地在城市，户籍地仍在乡村。过去，很多人模糊感觉到，这批拖着拉杆箱的农民工与扛着蛇皮袋的农民工有所不同。如今，当月薪过万的IT行业与新生代农民工出现交集，进一步打破了人们对农民工群体的刻板印象。他们有几个显著特征：没有或很少从事过农业生产，依然吃苦耐劳，爱上网、敢消费，愿意自我提升，不单重视薪酬高低，更看重职业前景和自我满足。他们中有人希望能融入城市，也有人愿意带着积累返乡。

过去，由于城乡二元体制的限制，农民工融入城市面临就业难、住房难和落户难等问题。彼时，大量农民工缺乏一技之长，局限于传统的建筑业、低端制造业、初级服务业，且流动性较大。伴随以人为本的新型城镇化和户籍制度改革的深入推进，近年来各地出台了不少政策，从规范劳动合同到完善各项保险，从解决子女教育到享受市民化待遇，让想融入城市的农民工心里更加踏实。

城市发展离不开“白领”，也少不了快递员、保洁员。一方面，无论经济怎么转型，依然需要大量的非技工型农民工从事各类服务业。“招工难”的背后是农民工总量增速在下降，农村剩余劳动力正从无限供给向有限供给转变。另一方面，伴随科技进步，对技术型农民工的需求与日俱增。如今，新生代农民工的学历水平、学习意识都在提升，正加快向新型技工转变，职业选择也更加多元，他们中很多人有能力从事 IT 行业，也能胜任更多高新技术类行业。

亿万农民工在城乡之间长时间、大范围有序有效转移，是中国经济社会发展的独特现象和强大支撑。过去，新老农民工用智慧和汗水支撑了中国制造、实现了中国奇迹，推进了工业发展、城市建设。如今，对高素质新生代农民工的依赖和争夺，更考验着城市和企业的智慧，需要做出针对性改变。在过去，大量企业的利润是建立在廉价使用农民工基础之上的。现如今，企业就要改善就业环境，增加职工福利，学会向农民工让利；而城市则要推进新型城镇化，提高基本公共服务水平，通过日趋公正的制度环境和更亲切的人文关怀，增加对高素质农民工的吸引力。

有说法认为，新生代农民工徘徊在“留不下的城市”和“回不去的乡村”之间。尽管事实并非如此，但这种观点却警示我们，要加快推动城乡融合发展，让他们在城乡间进退有据，可以安稳留乡，可以踏实进城，可以返乡创业。尤其要让那些在城市失去竞争优势的农民工可进可退，在农村可以有地种、有房住、有事干。无论是推进新型城镇化，还是实施乡村振兴战略，都不能以损害进城农民权益为代价，要保护好他们的农村土地权益和集体资产权益。只有这样，高质量的农村劳动力才可以顺畅流动，更好发挥农村劳动力弹性供给对经济发展的作用。

（刊发于 2021 年 8 月 24 日时评版）

大农业要跳出一亩三分地

日前，第三次全国国土调查数据发布，我国耕地面积19.18亿亩、林地42.62亿亩、草地39.68亿亩、湿地3.52亿亩、园地约3亿亩。林地与草地面积数倍于耕地，园地、湿地、水域面积广大。这启示我们，眼睛不能只盯着一亩三分地，在毫不放松抓好耕地保护和粮食生产的基础上，要面向整个国土空间，全方位开发农业资源，调整优化农业结构，满足人们日益多元的食物消费需要。

耕地是饭碗田，应该确保优先种植粮食，兼顾棉油菜三类重要农产品。我国耕地、淡水资源稀缺，又是农产品消费大国，这就决定了粮食生产始终是现代农业的头等大事。第二次全国国土调查以来的10年间，全国耕地减少了1.13亿亩，但仍在18亿亩红线以上，并且还有2.5亿多亩农用地可通过相应措施恢复为耕地。这显示，粮食安全的耕地基础是扎实的，保护耕地的措施是行之有效的。耕地中，水田占24.55%，水浇地占25.12%，旱地占50.33%。这意味着应进一步因地制宜，发展高效农业、灌溉农业、旱作农业。

发展现代化大农业，不能仅从“田里找粮”，还要“立体找食”，综合利用林地、草原、湿地、水域，向农林牧渔结合方向转变。林业、草地、湿地等有其巨大的生态价值，同时，从农产品供给角度看，林地是林业的载体，园地是果业的载体，草地是畜牧业的载体，湿地和水域是水产业的载体。我国有广袤的山区、林地、草原等，生态环境多样，物种资源丰富，有条件“念好山海经、唱好林草戏、打好果蔬牌”。

当前，农业的总量与结构、生产与生态等问题依然突出，利用好国土资源是农业现代化的先手棋。总量与结构矛盾凸显，一面是农业区域性雷同，大路货农产品时常遭遇“卖难”；一面是专用农产品发展滞后，高品质肉类、蔬果的需求得不到很好满足。生产与生态矛盾仍存在，部分地区耕地质量下降，北粮南运与南水北调并存。这表明，农业发展已经到了新节点，要以新理念引领农业向广度、深度进军。

要以提升粮食产能为前提。农业结构调整是个常说常新的话题，但总离不开正确对待粮食生产。20 世纪 80 年代中后期的结构调整，压缩粮食作物，扩大经济作物，曾导致粮食生产连续 5 年徘徊不前。20 世纪 90 年代中期至 21 世纪初的结构调整，对粮食生产有所放松，粮食面积和产量连续下滑。新形势下调整优化农业结构，推动农业供给侧结构性改革，必须吸取经验教训，保持支持粮食生产的战略定力。

要以尊重自然规律为根本。不同的空间单元，承载着不同的功能，如果违背自然规律，对空间进行不适宜的开发，就会遭到大自然的惩罚。过去，一些地方在耕地、林地、草原、湿地等相互转化方面，有过努力也有过教训。发展现代农业，切忌急功近利、竭泽而渔，搞掠夺性开发。要认识到，主产区生产原粮是贡献，其他地区生产肉蛋奶鱼、发展加工类农产品同样是贡献。

要以瞄准市场需求为导向。现代农业不是少种几亩棉或多种几亩菜的问题，而是要树立大市场理念，科学确定主要农产品自给水平，合理安排农业产业发展优先顺序，为农业发展拓展更大空间，为农民增收发掘更多途径。地方政府不能为了所谓的政绩工程，不管销路，号召农民盲目上马某类经济作物，搞大场面、大盆景，面积动辄数十万亩，交不该交的“学费”。

农业是人类社会最古老的产业，我国农业发展历经种种考验仍生机勃勃，关键在于适时调整、顺势而为。面对国土资源的新数据，以及稳产保供的新形势，主攻方向是提高供给体系质量和效率，从而形成现代农业的产业体系。

（刊发于2021年8月31日时评版）

乡村民生工程不能“为建而建”

在个别农村地区，污水主管网早就铺好了，可就是用不上。近日，国务院第八次大督查第四督查组在山西省娄烦县督查时，就发现了这样的问题。当地部分乡镇污水主管网铺而不用、使用率不高，沦为村民眼里的“摆设”。在全面推进乡村振兴的第一年，建设美丽宜居乡村，要解决类似农村污水管网“使用难”问题，必须把握好乡村建设的基本原则。

长期以来，人们感觉城乡差距大，最直观的就是人居环境的差距大，这也是农民群众反映强烈的民生痛点。基于此，国家开展了农村人居环境整治三年行动。截至去年底，三年行动顺利完成，农村脏乱差现象有了明显改善，垃圾问题基本得到解决，主要短板是厕所和污水处理。今年，中央又提出启动实施农村人居环境整治提升五年行动。所谓提升，就是要把建设重点从行政村向自然村（组）覆盖、往户延伸，持续攻坚农村厕所和污水处理问题。

建设乡村，规划先行。近年来，不少地方科学制定规划，打造美丽乡村。但与此同时，一些地方由于规划缺失，村庄无序建设，有新房没新村、有新村没新貌。据报道，娄烦当地的一名村干部向督查组表示，当初的污水管网工程施工方案中，并没有涉及入户这一项。“换句话说，他们只负责铺设主管网，至于是否连接到户、让排污管网发挥实际效用，并不在考虑之内。”如此，管网焉能不成为“摆设”，老百姓岂能不烦心？可见，规划一定要有，且要科学合理、因地制宜，尊重农民意愿，不搞面子工程。

就事论事，以农村污水来说，其具有分散性、难以统一收集的特点，且水量季节波动大，地区性差异较大。每年我国农村生活污水产生量约100亿吨，能进入城镇管网集中处理的污水占比少，其他多数地方可考虑从农户源头实行分类处理，即分成“黑水”和“灰水”进行处理。农村生活污水中虽然“黑水”占比相对较低，但污染程度较高，环境影响大，威胁人身健康。各地不妨以管网建设为基础，村收集、镇处理，重点治理好“黑水”，统筹治理“灰水”，达到分类减量的效果。

就事论理，形式主义是乡村振兴的最大危害，长效机制是乡村建设的最大需要。农村人居环境整治是个系统工程，发动群众不简单，技术模式不简单，使用维护不简单，任何一个环节实施不好，都可能出现“花钱买民怨”的现象。以往，也有少数地方农村厕所改造存在设计缺陷大、工程质量差、后续保障弱等问题，改建的厕所中看不中用，被群众诟病。这反映出一些地方农村人居环境重建设、轻管理，缺乏建设管护使用的长效机制。乡村民生工程，既要解决当期的投入问题，也要解决后续的管护问题，让广大农村不仅建得起，也用得起。

总之，乡村民生工程不能“为建而建”，要聚焦群众“急难愁盼”，帮助解决实际问题。政府部门要把选择权交给农民，改变“我提供什么、你使用什么”的推动方式，建立“你需要什么、我提供什么”的服务模式。一方面，把好事办好、把实事办实，破除“一建了之”的心态，排除“最后一公里”障碍，让设施管用好用，让农民愿用能用。另一方面，支持有条件的地区把农村环境整治与发展乡村旅游等有机结合，实现乡村产业发展与人居环境改善互促互进，让农民享受到更多实惠。

（刊发于 2021 年 9 月 7 日时评版）

用绿色发展实现金色丰收

田野金黄，农业向绿。日前，中办、国办印发《关于深化生态保护补偿制度改革的意见》，提出完善以绿色生态为导向的农业生态治理补贴制度；农业农村部等6部门印发《“十四五”全国农业绿色发展规划》，成为我国首部农业绿色发展专项规划。此前，“十四五”规划把粮食综合生产能力列入经济社会发展主要目标。种种举措表明，打造绿色低碳农业产业链，以绿色方式实现金色丰收，成为“十四五”农业发展的一个重点。

推进农业绿色发展是农业发展观的一场深刻革命，也是农村经济发展到一定阶段的必然要求。春种秋收，农民按时令耕耘，一季接一季。农业“四季歌”的背后，不变的是稳产保供的目标，变化的是绿色兴农的导向。在很长一段时期，我国农业先要解决“有没有”的问题，被迫以大水、大肥、大药的投入来换产量。近年来，农业持续瞄准“优不优”“绿不绿”的问题，从投入端的农药化肥减量，到过程端的作物秸秆、畜禽粪污处理，再到产出端的绿色优质供给，努力把资源利用过高的强度降下来，把面源污染加重的趋势缓下来。

当前，农业绿色发展仍处于起步期，农业生态环境治理还处在治存量、遏增量阶段。现实难题集中在资源、市场、机制三方面，对应的是生产方式仍较粗放，绿色优质农产品供给还不足，激励约束机制尚未健全等问题。如今，我国已明确碳达峰、碳中和目标，农业农村减排固碳需要付出更大努力。老问题与新挑战交织在一起，解决起来非一朝一夕之功。

妥善解决新老问题，要避免把农业生产与生态环境保护对立起来。既不能因为保供给而牺牲生态，也不能因为保生态而影响农产品供给。农业绿色发展，追求全链条的可持续，实现资源环境与物质产出的均衡，目的是更好实现农业的功能。因此，保障粮食和重要农产品供给是农业绿色发展的底线，也是底气所在。无论是降低耕地资源利用强度，或者是治理农业环境突出问题，都要考虑巩固粮食和重要农产品产能。在此基础上，着力激活三方面动能，让生态绿色成为现代农业的鲜明标志。

激活市场动能，变绿色为效益。随着收入水平提高和健康意识增强，不少消费者愿意为绿色优质农产品付出更高价格。与传统农业相比，绿色农业生产成本明显提高，如果产品卖不出好价钱，那么农民就失去了绿色发展的动力。要探索“绿色 +”特色产业的模式，让农民从绿色生产中得到的收益，大于粗放方式带来的收益，从而使绿色生产成为自觉行动。

激活科技动能，变废物为资源。人们常说，很多垃圾是放错了地方的资源，有限的资源用好了可以创造无限的价值。以种植业来说，有多少籽实就有多少对应的秸秆，这些秸秆用好了就是饲料。以畜牧业来说，有多少肉类产量就有多少对应的畜禽粪污，这些粪污用好了就是肥料。关键是要加快绿色农业科技创新，引导人才、科技投向绿色农业，生产技术集约高效、产业模式生态循环，让废弃物在循环农业的链条里动起来，成为资源。

激活制度动能，变补贴为动力。基于可持续发展的农业补贴是世贸组织规则所允许的，也是我国现阶段所需要的。比如，耕地轮作休耕可以培肥地力，为农民带来长远收益，但要等很长时间才能见效，如果财政不在一定期限内给予补贴，农民就没有积极性。建立以绿色生态为导向的农业支持政策体系，要在开展农业绿色发展长期固定观测基础上，完善生态保护补偿机制，让保护农业资源、善待农业环境的人受益。

（刊发于 2021 年 9 月 14 日时评版）

不宜盲目建种都

种业正受到前所未有的重视。截至目前，全国已有一批城市或省份提出打造“种业之都”或“种业硅谷”，不少地市和县域在谋划建设各类种业园区。在推动种业振兴的第一年，有必要正确认识打造种都这件事。

长久以来，种业发展面临来自气候、技术、市场等方面的诸多难题。自去年底中央经济工作会议首次提出种业翻身仗以来，种业大事喜事不断。从种业发展顶层设计的谋划出台，到相关法律法规的不断完善，从育种新成果频现，到种业企业兼并重组，一幅种业振兴的画卷徐徐展开。在这样的背景下，各地愿意为打赢种业翻身仗、推动种业振兴作出自己的贡献，百花齐放、百家争鸣，这是值得肯定的好事。但是，一定要根据自身实际和全国情况，尊重产业规律和科研规律，量力而行、尽力而为。

种业有地区性、区域性特征。我国农业类型多样，有的地区种质资源多、科研基础好，有的地区种养面积广、应用前景好，有的以粮为主，有的畜禽占优，有的水产见长。同时，各地在产业链上的地位不同，有的省份只是农业大省、用种大省，但科研优势不够，很难被称为育种大省。有的省份只是制种大省，但品种权和创新资源不在自己手里，很难被称为育种强省。种业的核心是育种，打造种都要用育种的硬实力来说话，得有科研龙头和企业龙头。

这个特征要求各地须弄清本地种业现状和家底，哪些有优势，哪些有潜力。推动种业振兴，必须围绕这些优势和潜力，合理规划产业区域布局，与推进农业发展整体衔接好，不要贪大求全、重复建设，更不能脱离实际盲目建种都。实际上，很多地方没必要打造种都，却可以服务于种都，或做试验基地或做示范场所，或是产销合作或是资金合作，形成种业产业化联合体。对相当比例的地区来说，相比建种都，更应做的是推进种业知识产权保护，依法打击套牌侵权行为，为种业发展提供公平的政策环境和良好的公共服务。

种业还具有全国性、全局性的特征。我们讲种业安全，主要是对全国而言的。对特定的省份或城市来说，不一定非得自己是“种都”，不一定非要另起炉灶，完全可以用市场手段保障供应链安全。种业投入动辄以亿元计，作物育种周期一般要 6 年至 8 年，畜禽育种周期一般要 10 年至 15 年。育种最宝贵的是育种人才和育种材料。人才是有限的，需要培育或引进；材料是稀缺的，需要积累或引进。这些都不是一蹴而就的，如果没有“土壤”，花大价钱也不一定能挖来最顶尖的育种人才和最珍贵的育种材料。

这个特征就要求各地不能埋头只顾自己，还要看周边和全国，不仅要清楚本地区的优势和短板，更要从全局的产业布局和发展规划中找准定位和机遇。山东寿光的种业布局就是很好的一例。众所周知，寿光是蔬菜之乡，当地发展种业并没有四面出击，而是重点做大做强蔬菜育种，尤其是高端设施蔬菜育种。在发展路径上，他们选择与中国农科院、中国农业大学等国家级科研平台合作，让一个县也有实力走在蔬菜育种前列。

此前，已有多地在探索打造种都的过程中取得了不错的成绩，成功经验值得参考借鉴。比如，海南的优势在于得天独厚的南繁加代，众多育种家数十年来投身南繁，打造南繁硅谷自然是顺势而为；北京的优势在于汇聚了全国 1/3 的种业科研国家队，在基础性公益性研究和联合育种方面有成绩；长沙的优势在于拥有种业龙头企业隆平高科、国家杂交水稻工程技术中心等，使其在水稻商业化育种方面领先。这启示我们，即使要打造种都，也要找准优势、明确方向、体现特色、错位竞争，充分发动科研、企业和农户积极性。

（刊发于 2021 年 9 月 21 日时评版）

稳妥应对猪周期下半场

近来，关于猪肉的新闻颇多。据报道，四川有农户卖一头猪亏损七八百元，当地已启动省级5000吨冻猪肉储备收储。有关部门表示，第二轮中央储备冻猪肉收储即将启动，持续时间更长、规模更大。据农业农村部数据，9月份第3周，全国活猪平均每公斤价格13.45元，同比下跌63.4%；全国猪肉平均价格23.25元/公斤，同比下跌58.2%。在本轮猪周期的下半场，有必要冷静分析如何更好应对。

当前生猪产能已完全恢复，猪肉供应出现过剩苗头，但生猪生产仍在惯性增长，以至进入传统消费旺季价格仍在下跌。2月至8月，规模猪场新生仔猪数月均增速为2.5%，按生产周期计算，今年9月至明年2月的生猪出栏量还将持续增长。

猪肉生产和价格波动受到全社会高度关注，是因为猪肉供应弹性大，需求弹性小，同时在肉类消费中比重大、价格对CPI走势的影响大。生猪供应量多一点或少一点，对应的价格波动幅度很明显。当前，年出栏500头以下的中小养殖户仍占养猪场户数量的99%以上。按照户均出栏20头计算，每户多养或少养一头，供给就会波动约5%。而据测算，供应每波动1%，价格就波动约7%。加之，生猪生长周期长，一旦波动趋势确立，中途较难改变。可见，猪肉价格涨落天然具有放大效应。

应对猪周期下半场，要以预警为主、调控兜底。有关部门已明确生猪稳产保供的目标是全国猪肉年产量稳定在5500万吨左右。近几轮猪周期表明，生猪保供要靠稳固的基础产能来说话。能繁母猪是猪肉供应的“总开关”，只要能繁母猪存栏量变动保持在合理区间，仔猪生产就有保障，猪肉供应就能大体稳定。有必要根据能繁母猪存栏的不同情形，划分绿色、黄色和红色3个调控区域，明确相应措施。8月，全国能繁母猪存栏量接近正常保有量的110%，相应调控措施正在启动。

应对猪周期下半场，要全面提升产业素质。在生猪全产业链中，养殖环节长期处于弱势地位，风险最大。不同于贩运和加工环节的市场风险，养殖环节还要承担成本刚性上涨、动物疫病风险。最终是，在肉价下跌时毛猪售价跌幅更大，而在肉价上涨时毛猪售价涨幅则偏小。因此，越是在行情低迷时，养猪业越要重视猪场管理，注重疫病防控。当前，养猪场户应选择放慢生产节奏，优化母猪存栏，淘汰低产母猪，增加中高端猪肉产品的比重。与此同时，向下游延伸产业链，布局生猪养殖、屠宰、加工、销售一体化发展。

应对猪周期下半场，要保持长效性支持政策的稳定。全球主要养猪国普遍存在猪周期，这是市场规律对养猪业进行资源配置的表现，但周期频率、剧烈程度、应对方式各有不同。对我国来说，可以拉长周期、缓和峰谷，尽量避免生产大起大落、价格大涨大跌。生猪规模养殖比已从2017年的46.9%提高到2020年的57.1%，多部门突破性地解决了行业多年的土地、环保、资金等痛点。然而，越是在养猪场户困难的时候，越要保持用地、环评、金融等长效性支持政策的稳定性，避免养猪场户过度淘汰母猪，损害基础产能。

（刊发于2021年9月28日时评版）

种草就是种粮种肉种奶

近来，关于草业的新闻接连不断。先是《中华人民共和国主要草种目录（2021 年）》发布，意味着草种管理由侧重于牧草管理进入全口径草种管理的新阶段。此后，国家林草局表示正积极推进出台《全国草种业中长期发展规划（2021—2035 年）》，农业农村部表示将制定实施《全国现代饲草产业发展规划（2021—2030 年）》。小草缘何如此让人牵挂？

从种植业角度看，饲草是土地资源合理利用的出路。大豆是我国最主要的饲料粮，近年来，大豆进口量持续走高，占粮食进口量的大头。我国耕地资源有限，种植大豆存在与三大主粮争地的情况，加之大豆生产机械化程度低、单产水平低。虽然从某种程度上说，进口大豆相当于进口土地资源，然而这样也很容易受制于人。除了天然草原外，我国很多丘陵地区并不适合种粮却很适合种草。作为“牧草之王”的苜蓿在一些国家被作为第四大作物，不仅保障了畜禽的蛋白质来源，还能利用固氮优势改良土壤。对我国来说，利用人工牧草生产蛋白质，既可以解决人畜争粮的问题，又可以降低对进口大豆的依赖。

从畜牧业角度看，优质饲草料供应不足是草食畜牧业发展的瓶颈。饲草料成本约占养殖成本的 70%。近年来，我国牛羊产品市场需求强劲，价格持续坚挺，但优质饲草严重短缺。现代畜牧业需要规模化、标准化养殖，这要有大量饲草和饲料粮。要面向整个国土资源，统筹考虑天然草原适度利用、人工种草等措施，加快建设现代饲草料生产体系。在此基础上，着力提高饲料产品转化效率，能为畜牧业节本增效提供更有力支撑。

从生态角度看，草种不强是草原生态保护的短板。我国草原面积是耕地面积的 2 倍以上，大部分草原呈中度及重度退化状态，急需大量优质草种进行保护修复。然而，一方面，我国草种自给率低。2020 年，全国草种进口量是自产量的 2.5 倍，草种对外依存度超过 70%。另一方面，草业种质资源保护和品种繁育不平衡。过去，草业良种选育侧重于牧草，主要服务畜牧业发展，专门用于生态修复的具有较强抗逆性的草种很少。业内公认，进口草种能种出一块草坪，却种不出一片草原。建设大美草原，离不开本土优质草种。

以上角度无不反映出“小草大业”的重要意义。草业是联通种植业和畜牧业的节点，是纵贯农区和牧区的要素，是融合生产和生态的关键。解决种植业和畜牧业的痛点都离不开草业，而发展种养结合、农牧循环的现代农业更需要草业。可以预见，草在农业农村经济发展中将扮演更重要的角色，发展现代草业的任务也日益紧迫。

数年前，任继周、钱学森等学者大声呼吁要重视草业，得到了积极回应。对天然草原来说，伴随草原生态奖补政策的实施，发展取得了进步。对农区而言，从 2015 年起，国家在部分地区开展粮改饲试点，引导其从过去单纯的“粮仓”变为“粮仓 + 奶罐 + 肉库”。近年来，农业连年丰收、农产品供给稳定，为进一步发展草业提供了有利条件。

立草为业正当时。解决草业面临的问题需作总体考虑，将传统的粮食作物、经济作物二元结构调整为粮食作物、经济作物、饲草料三元结构并协调发展，推动传统耕地农业系统转向粮草兼顾的立体农业系统，减轻饲料安全对口粮安全的压力。为此，要像重视粮食一样重视草业，树立种草就是种粮（饲料粮），种草就是种肉种奶的理念。

（刊发于 2021 年 10 月 5 日时评版）

以农商互联助解“卖难买贵”

秋收时节正是农产品产销旺季。日前，商务部等3部门发布《关于进一步推动农商互联助力乡村振兴的通知》，以12项举措推进农商互联，促进农民收入提升。近年来，部分鲜活农产品区域性、季节性“卖难买贵”成为困扰农业发展和农民增收的一大难题。促进农产品产销对接，要在农商互联基础上，建立产销衔接密切、利益联结紧密、合作长期稳定的新型农商关系。

不同于以往的农超对接、农社对接等形式，农商互联是指农产品流通企业与新型农业主体全面精准对接，以订单农业、产销一体、股权合作等模式，实现上联生产、下联消费。其中，“农”包括家庭农场、农民合作社、农业龙头企业等经营主体；“商”包括农产品批发市场、大型连锁超市及批发零售企业、电商企业等农产品流通企业。

推动农商互联的前提，是正确认识“卖难买贵”现象。“卖难”不是说城市没有充足的消费能力，“买贵”也不是说乡村没有充足的供给能力，而是供需不平衡、衔接不顺畅、结构不优化。鲜活农产品易腐烂，受市场、信息因素影响大，尤其是流通成本高。以蔬菜为例，从田间到餐桌一般要经过农户、地头收购、产地批发市场、运输、销地批发市场、终端市场等环节。据测算，每增加一个流通环节，成本将增加 5%~10%，加上各种损耗和管理费用，流通成本常占菜价的一半或一半以上，甚至导致“产地价格低到没人要、销地价格居高不下”的情况。

这么多的流通环节，能否砍掉一些，进而降低菜价？当然可以，但是有限。要看到，现有流通环节总体是适应“小生产、大市场”现状的，发挥了关键作用，不能全盘否定。一方面，现代流通的专业性和门槛越来越高，绝大多数农户和新型主体没有精力直接从事流通；另一方面，尽管农产品电商蓬勃发展，但其销售占比依然较低，更大量的流通依然要靠线下方式进行。由此来看，适当减少中间环节是可行的，但潜力有限。从根本上破解相关难题，需要建立和完善新型农商关系，从硬件上发力联设施、软件上发力联信息。

农商互联先要联信息。由于产需信息不畅，农户缺乏及时的信息服务和市场预警，导致对价格反应过度和滞后，常常种植、养殖“一窝蜂”。近年来，时而“蒜你狠”，时而“蒜你惨”，就是由于产地相对集中，一旦减产后价格大涨就盲目扩大种植，也容易导致下个周期价格大跌。因此，应在农商互联的基础上，推动信息进村入户，把大数据融入农业，引导农户做好品种文章，走出“大路货”窘境，生产多样化优质农产品。今年是巩固拓展脱贫攻坚成果的第一年，尤其要防范化解脱贫地区农产品滞销风险，把应季集中上市农产品销售情况作为动态监测和农商互联的重要内容。

农商互联还要联设施。我国农村基础设施薄弱，田头市场大多粗放，产地市场不少滞后，缺少预冷库、保鲜库，加之分级分选没有统一标准，缺乏产地初加工设备，容易导致主产区农产品旺季集中上市，又无法就地加工或错峰销售，价格自然上不去。要支持产地加强产后商品化处理和发展冷链物流。扶持流通企业建设保鲜、贮藏、分级、包装等产地初加工设施，减少产后损失，延长供应时间。引导食品加工企业与农户建立紧密合作关系，发展农产品精深加工，延长货架期，提高附加值。

（刊发于2021年10月12日时评版）

保护种业全链条知识产权

连日来，关于种业知识产权的新闻不断。国家知识产权局近日发布的生物育种产业专利导航研究报告显示，全球生物育种领域专利申请数量快速增长，我国生物育种专利申请量排名全球第一。为强化种业知识产权保护，2021年版国家级稻和玉米品种审定标准本月实施，适当提高了稻和玉米品种的审定门槛。新阶段推动种业振兴，有必要重新审视种业知识产权。

长期以来，有个悖论始终困扰着中国种业界。我国有全球人数最多的种业科研队伍，有保存数量全球第二的种质资源，有全球数量最多的作物育种科研论文，生物育种专利申请量排名全球第一。然而，也有“国内种企科研投入总和不及德国拜耳一半”的尴尬，以及“国外种子按粒卖，国内种子按斤卖”的处境。我国种业基础研究的能力世界一流，出大品种的能力却没有达到同等水平。人们不禁想问，“种业论文强国”为何没能造就“种业强国”，“种业专利大国”为何不是“种业强国”？

分析起来，原因自然有很多，关键的一条是种业知识产权保护不够。国际种业巨头无不是靠着自主知识产权的大品种发展壮大。与国际先进水平相比，我国种业原始创新不足凸显，多是修饰改良、模仿育种。种业是资本和技术密集型产业，很多种企之所以不愿意重金投入原始创新，就是因为保护力度不够，导致大量换汤不换药、“换个车灯就是新车”的所谓“新品种”层出不穷，跟突破性大品种差了十万八千里。如果没有强有力的制度保护，就会出现“谁搞原始创新，谁就是冤大头”的恶性循环，难以调动创新主体的积极性。

种业知识产权的核心是新品种保护，这方面也有两组看似矛盾的最新数据。一是截至 2021 年 6 月底，全国共受理申请植物新品种权 43112 件，连续四年位居世界第一；在水稻、玉米、小麦等主导品种中，70% 以上都是保护品种；推广面积居前十位的品种中近 80% 也是保护品种。二是近年来，种业侵权事件明显增多。据统计，从 2016 年到 2020 年，全国法院审结涉植物新品种纠纷案件从 66 件增加到 252 件，其中侵权纠纷案件占比超过 80%。

数据的背后，是农业发展对种业知识产权保护的需求越来越迫切。对人多、地少、水缺的大国来说，农业要稳步提升产能、提高竞争力，只能走创新驱动的路子，最有效的办法是从种业自主创新中寻求增量。选育新品种，往往需要很多育种材料通过无数次组合，历时多年才可能成功。有的人甚至一辈子也难以培育出一个品种，其中的艰辛只有当事人最清楚。可以说，推进种业全链条知识产权保护，是对种业创新者核心利益的有力关切，是对增强国家种业竞争力的重要支持。

推进种业全链条知识产权保护，不仅要继续做好市场净化工作，打击仿冒仿制等乱象，更要在法律层面提高保护水平，建立实质性派生品种制度。实质性派生品种是对原始品种进行简单修饰后育成的衍生品种。在这种制度下，派生品种可以申请获得品种权，但在生产销售时要征得原始品种权人同意，并按合同约定给予商业回报。这其实是利益分享机制，可以有效激励育种原始创新。目前，国际植物新品种保护联盟的 77 个成员中，68 个已建立了相应制度。当前，我国应以种子法修订为契机，融入实质性派生品种制度，从源头遏制种业创新低水平重复。

总之，打好种业翻身仗，要以建立种业知识产权保护制度作为根本，推进资源保护、品种攻关、企业培育、基地建设等方面的全链条保护。

（刊发于 2021 年 10 月 19 日时评版）

“菜比肉贵”到底是为什么

近期，国内多地出现“菜比肉贵”现象。在同一个超市，出现了一斤菠菜的钱可以买两斤猪肉或三斤鸡肉的情况，成为很多网友关注的一个热点。

据报道，本轮涨价最贵时每斤菠菜价格高达 17.6 元。而在今年 4 月，一则“农民夫妻一车千斤菠菜卖了 15 元”的短视频却在网络刷屏。彼时，究其原因，是个别品种农产品滞销关乎区域性、结构性、季节性等因素，暂时生产过剩。仅过了半年时间，同一种菜品价格竟有如此大的变化，虽是区域性个例，但依然值得人思考。

就事论事，当前的“菜比肉贵”，原因之一是生猪价格周期性下跌遭遇蔬菜供应短暂性不畅。一方面，不良天气对菜价的影响有短暂的滞后性。由于前期连续阴雨，很多主产地发生涝灾，导致产量缩减，采摘不便、运输成本增高，终端价格普涨。另一方面，今年 1 月份开始，猪肉价格连续回落。10 月份第 2 周集贸市场猪肉均价为每斤 10.5 元，比 1 月份下降 60.8%，很多地方甚至不到 8 元。

菜价比肉价低，这是国内很多人习以为常的事情。其实，在不少发达国家，蔬菜普遍比肉贵。近年来，我国部分蔬菜在特定时段里价格也比肉贵，一些高端品种常年比肉贵。与粮食等大宗农产品不同，蔬菜等鲜活农产品高度市场化，价格波动频繁，以天计并不夸张。与生猪、肉鸡等规模养殖业相比，蔬菜生产易受季节因素和极端天气影响，因短暂的供应减少造成价格上涨并不奇怪。

生猪和蔬菜各有其价格规律。随着生猪价格的下跌，全国养猪场户亏损面达 76.7%。而部分蔬菜价格变高的背后，则是短暂上涨的生产流通成本。对此，也无须过虑，高菜价会促使蔬菜供应增加，低肉价已挤出落后的养殖产能。蔬菜生产周期短、产能恢复特别快，价格机制可以充分发挥对区域和品种的引导作用，值得注意的是，很多地方菜价已在下降。有关部门已发布生猪产能过剩预警，鼓励养殖场户加快淘汰低产母猪，顺势出栏肥猪，使产能尽快回归合理水平。

“菜比肉贵”之下，有两个细节值得注意。一是不同蔬菜的涨幅不同、差距显著。以菠菜为代表的绿叶菜价格能涨数倍，同时，也有很多蔬菜特别是耐储运类的价格几乎原地不动。二是不同城市的涨幅不同，有的城市菠菜一斤 15 元，有的城市七八元，还有的四五元就能买到。这启示我们，蔬菜保供稳价，要紧盯百姓生活最常见的当家菜，以北方大中城市的冷季时段为重点。

菜价波动的背后，是大生产、大流通、大市场的格局。曾几何时，北方城市冬季吃菜难、选择少。随着蔬菜大棚的兴起和“菜篮子”工程的实施，蔬菜产业多次转型，种类不断丰富，布局和流通逐步优化。总体看，我国蔬菜供应有充分保障，总产量和人均占有量多年位列世界第一，并遥遥领先。相比别的国家，中国人可以用很低的价格吃上种类更丰富的蔬菜。

虽然我国蔬菜产业竞争力居世界前列，但近年来自身也面临成本上升的压力。相比粮食，蔬菜生产机械化率依然较低，从种到收比较费工费时。随着城镇化加快，农村青壮年劳动力短缺且薪资上升，土地流转费用上涨，这都是刚性成本。加之消费者需求日益高端化，新奇特优品种比例扩大。所以，近年来蔬菜价格总体呈稳中略升态势。

“菜篮子”产品保供稳价关乎千家万户，让每个老百姓吃得好、吃得放心，不是件容易的事，却是件必须做好的事。总体看，既要考虑市民需求，实现调得进、供得上、不断档，又要关注农民增收，真正实现“囤菜于田”“存肉于栏”。

（刊发于 2021 年 10 月 26 日时评版）

爆炸桃走红蕴含“小农业”机遇

近日，一种外观颇似烂桃的爆炸桃走红，引得人们尝鲜抢购。爆炸桃的翻红，并不完全因为名字取得好，其背后蕴含着的“小农业”机遇值得品味。要打造特色农业的“限量版”“多剧种”，把好产品变成热销品，让小产品连接大市场更有看头、有尝头、有讲头。

其实，爆炸桃是老品种，培植上也不需要特别的管理技术。20世纪，不少地区都有这种熟后会裂开几道口子的丑桃。随着全国桃产量增长，加之丑桃颜值低、商品性差，人们很少买，也就少有人种了。这几年来，丑桃总体不温不火，价格也上不去。近期，借助网络力量，丑桃改名换姓变成爆炸桃，“虽然难看，却很好吃”成了卖点，销量上来了，这对农民来说无疑是件好事。

我国农产品市场广阔，同类产品价格也相差很大。以西瓜为例，旺季大规模上市后，每斤价格低至一两元。而山东潍坊有一种品牌西瓜，“站”着生长，每个能卖到100元，且供不应求。以柑橘为例，除了久负盛名的赣南脐橙、主打错季销售的川渝晚熟柑橘，还涌现出不知火丑橘、三峡蜜橘等新秀，使得国产高端柑橘成功抗衡美国新奇士橙。可见，可辨识、难复制的产品特色是农产品实质性竞争优势，“小农业”值得做大文章。

长期以来，受农产品供给总量不足困扰，农业发展的重心主要是提高产量。如今，很多农产品产量已居世界第一。不过，从国际来看，我国农业遭遇发达国家占据高端、不发达国家占据低端的两头堵局面；从国内来看，农业的主要矛盾转变为结构性矛盾，很多产品供过于求，一些产品供给不足，尤其是优质农产品供给不足。总体上，还是大路货多，同质化严重，加之缺少经营人才，不少地方即使有好东西也难卖出好价钱。

“多的减下去，少的提上来”，这个简单的道理切中了农业的要义。今天的消费者不再热衷排浪式消费，开始追求新奇特优，愿意为尝新、尝鲜花钱。那些专注于细分市场，“独一份、特别特、错峰头”的产品更受市场欢迎。因此，要使农业供需在更高水平上实现平衡，不妨以“小农业”为抓手，从拼价格到比品质，从靠资源到重内涵，让质量更切合消费需要，增强对市场的适配性和灵活性。

宁咬仙桃一口，不吃烂杏一筐。种种迹象表明，“小农业”正迎来难得的发展机遇。此次爆炸桃依托于地方农民的自主创造，收益也主要落入了农民口袋。互联网让一些地方特色的小批量农产品实现了快速可达，不仅带动了农产品加工分级、仓储物流等基础建设，还提升了农民素质、培养了农民网红，他们不光埋头抓生产，还懂抬头闯市场，这都是“小农业”兴起的条件。

更大视角来看，我国有 2 亿多农户，98% 以上是小农户，怎么让小农户对接大市场？大体有两条路：一是相当多数农产品属于大宗农产品，竞争力主要在成本低，适合以规模化取胜的“大农业”发展路线；二是有些农产品或细分品类属于特色农产品，竞争力主要在稀缺性，适合以差异化取胜的“小农业”发展模式。而发展“小农业”，就要解决标准化程度低、营销方式落后等问题，选好细分方向，提高产品档次，扩大经营容量。特别是要发展农业社会化服务，培育区域性公用品牌，提高农民组织化水平。

值得注意的是，随着市场变化，小产品也可能会变成大路货。这就对种养规模和市场前景的合理预判提出了要求，需要农户和农产品经营者不断探索新蓝海，不盲目跟风，尽量避免此前纸皮核桃产能过剩之类的现象。

（刊发于2021年11月2日时评版）

农民增收须摆脱传统路径依赖

近期，关于农民收入的话题颇引人关注。近日召开的国务院常务会议审议通过“十四五”推进农业农村现代化规划，促进乡村振兴和农民收入较快增长。湖北省提出，到 2025 年全省农民年收入跨过 2 万元大关。安徽省提出，今后 5 年农民收入超过全国平均水平。

在全面建成小康社会、奔向共同富裕的道路上，农民收入问题值得思考。从对经济社会发展的支撑来看，保障农民收入、守好农村“后院”，才能构筑起发展的战略纵深。从扩大内需来看，农村是最广阔的增量空间，农民增收会释放出巨量的消费需求。从巩固拓展脱贫攻坚成果来看，只有不断提升农民收入，才能守住不发生规模性返贫的底线。可以说，“三农”工作的核心是农民问题，农民问题的核心是收入问题。说一千道一万，农民增收是关键。

业内衡量农民收入是否实现快速增长有两个标准：一是看增速是否超过同期 GDP 的增速；二是看增速是否超过城镇居民收入增速。从这个角度看，当前农民增收势头总体不错。今年前三季度，农民收入实际增长 11.2%，高于经济增速 1.4 个百分点，比城镇居民高 2.5 个百分点。这是在克服严重自然灾害、农资价格上涨、新冠疫情散发等多种不利影响下取得的，殊为不易。

不过，城乡居民收入比虽在缩小，但收入差距的绝对值在扩大。

从构成上看，农民收入来源中最重要的是经营性收入和工资性收入。经营性收入方面，种粮收入虽稳但绝对值不高，鲜活农产品虽然致富效应明显但波动大、风险高，依靠种养业增收的难度越来越大。工资性收入方面，亿万农民在城乡间双向流动，务工已是其最大收入来源。近年来，经济下行压力加大，加之受疫情、汛情影响，外出农民务工数量和工资水平都在承压。随着这两大传统动力减弱，农民收入增速在放缓。

城乡收入差距之外，农村内部收入差距也日益凸显。从地区差距看，农民收入最高的地区为上海，最低为甘肃，2020 年两地农民收入比达 3 倍。安徽是中部地区农民收入最高的省份，但仍略低于全国平均水平。有产区差距，13 个粮食主产区中有 10 个省份农民收入低于全国平均水平；有省内差距，同一个省，有的亿元村单户分红就有几十万元，有的空壳村农民刚刚脱贫。可见，农民增收难，主要在中西部，重点在主产区。

农民要富裕，须摆脱传统的路径依赖，既要挖掘农业内部增收潜力，更要拓展农村外部增收空间，统筹用好产业、就业两大手段。产业方面，除了要继续做好农业高质量发展文章外，还要立足整个农村资源，发展乡村二、三产业，让农民更多参与产业链发展，把更多增值收益留给农民。就业方面，既要发展县域经济，推动农村创业创新，吸纳更多的农民就地就近就业；又要提升农民就业能力，实现稳定外出务工就业，并加快向技术型农民工转变。

特别是，受农村土地征收补偿水平提高、土地流转和农房出租增多、参加入股分红增加等因素影响，农民的财产性收入不断增长，已成不少地区农民收入的重要增长源。各地要推动农村“三块地”改革，释放农村土地征收、宅基地制度改革、经营性建设用地入市活力，推进农村集体产权制度改革、完善农村产权市场，让农民享受到更多财产性收入。

“十四五”时期，农民增收形势更复杂，政策调控难度也更大。因此，需要对农业给予优先发展，对农村给予全面支持，真情关爱农民，真心帮助农民，真诚对待农民，为农民的好日子添砖加瓦。

（刊发于2021年11月9日时评版）

耕地流转谨防非农化倾向

眼下，全国秋收已基本结束，土地流转调整和签约迎来高峰期。河南省正开展全省流转耕地“非农化”“非粮化”专项整治。有关部门关于农村土地经营和流转的细化规定也在酝酿出台。农业农村部正研究制定农村土地承包合同管理办法，将在土地承包经营权转让、互换的程序和管理等方面作出规定。国家林草局正研究制定集体林权流转管理办法，将明确集体林权流转要求。

耕地涉及粮食安全大局，关系亿万农民权益。新形势下，处理好农民和土地的关系仍是深化农村改革的主线。随着青壮年农民进城务工，“家家有地，不一定户户种田”成为很多农村的现实情况。发展现代农业需要有一定的规模支撑，土地流转也是农民土地权益的实现途径。基于此，国家引导农村土地有序流转。目前，全国耕地流转面积超过 5.55 亿亩，约占承包地总面积的四成。在这种情况下，相对于流转规模和速度而言，流转的质量更需要提升，流转的效益更需要维护。

毋庸讳言，土地流转还不尽如人意，个别地方甚至乱象丛生。实践中，部分农民往往口头约定流转土地，一旦发生纠纷，调处困难大。受市场波动、自然灾害等影响，粮食生产比较效益出现调整，导致一些经营主体因亏损而毁约甚至“跑路”。有些村委会热衷行政推动，取代农户而与外来资本签订流转合同，且面积大、时间长。部分工商资本大规模流转耕地后，加剧“非粮化”倾向，有的甚至改变耕地用途。一些主体在流转的永久基本农田从事林果业及挖塘养鱼等破坏耕作层行为。

土地流转的主体是农民，是否流转、价格如何、形式怎样，决定权都必须在农民手中。土地经营规模并非越大越好，适度规模经营也不只土地流转。各地应当因地制宜、循序渐进，把握好适度规模的度，既重视土地流转的模式，也重视不流转土地而发展社会化服务的模式。县级以上地方政府对工商企业等社会资本流转土地要依法建立资格审查和项目审核制度，对面积较大、农户较多的项目，可要求设立风险保障金。此前，有地方在产业规划时就划出了工商企业禁止发展区、限制发展区、适宜发展区，既保护其投身农村的积极性，也利于其明白界线、稳定预期，值得借鉴。

耕地主要是种粮的，同时兼顾棉、油、糖、菜等。应当看到，耕地“非粮化”与“非农化”并不相同，政策是遏制“非农化”、防止“非粮化”。农地农用是底线，农民可以“非农化”，但耕地不能“非农化”。耕地“非农化”行为触碰了法律底线，要坚决遏制一切利用流转耕地搞非农建设的行为。而对于“非粮化”则要综合运用政策、市场、法律等手段来纠正，让经营主体愿意种粮。不过，不能把“非粮化”与农业结构优化调整对立。防止“非粮化”并非只能种粮食，而是要将有限的耕地优先用于粮食生产，在稳定粮食生产的同时，适度发展棉、油、糖、菜等。各地在防止“非粮化”增量同时，要稳妥处置“非粮化”存量问题，避免“一刀切”。

规范土地流转行为，目的是维护国家粮食安全、保护广大农户和新型主体的合法权益，而不是限制流转或捆住守法遵规经营主体的手脚。通过对农地市场进行适度规制，有利于消除各种可能导致市场失灵的因素，保障农地市场化配置的有效性。在此基础上，建立农村土地流转市场或产权交易市场，开展土地流转的政策咨询、信息发布、合同签订、融资担保等服务，将进一步激发资源活力，确保人尽其才、地尽其用。

（刊发于 2021 年 11 月 16 日时评版）

乡村建设要把好事办好

“有乡村没乡愁，有新房没灵魂”，据媒体报道，个别地方部分传统村落保护现状不容乐观。日前，中办、国办印发《关于推动城乡建设绿色发展的意见》，提出保护塑造乡村风貌，延续乡村历史文脉，明确不破坏地形地貌、不拆传统民居、不砍老树、不盖高楼。因此，地方政府主要精力不能放在拆房并村、合村并居上，更不能为了获取建设用地指标而大拆大建、强制拆迁。否则，不仅会损害村落的传统底蕴，还会失去现代农村的风光。

相对工业化、城镇化，农业农村是慢变量，制约因素更多、突破周期更长。因此，要在城乡格局变化大势中把好乡村建设脉搏。当前我国村庄还在演变分化中，尽管农村人口向城镇集中是大趋势，但有的村庄会聚集更多人口，有的会逐步与城镇融合，有的会衰落。这些年乡村建设中出现一些问题，没有规划好或不按规划执行是重要原因。在编制县域村庄规划时，要合理确定村庄布局分类，针对不同类型采取不同策略，既要避免新村建好却人去村空，又要避免公共资源不足以承载人口。

当前，对相当数量的农村来说，要解决的主要是“有新房没新村，有新村没新貌”问题。所谓“有新房没新村”，指的是不少农村单栋房子修得漂亮，但公共空间杂乱，功能布局不合理，绿化美化不够。所谓“有新村没新貌”，指的是一些地方把村庄统一刷成大白墙或粉黄墙，全乡一个调，千村一个样。其实，对凌乱的建筑进行立面改造是必要的，但不能把大量精力、财力放在刷外墙这类华而不实的事情上，适当改造的话，风格协调即可，不必强求一律。

华而不实的事少做，农民急需的事多办。要把重点放在改善村庄整体环境上，把功夫下在提升基础设施和公共服务上。这些年国家不断加大投入，农村生活条件改善很大，基础设施覆盖行政村的问题基本解决，当前要在向自然村组覆盖、往农户延伸方面下更大功夫。长远看，关系农民基本生活的基础设施和公共服务应抓紧建设和完善，标准可以有差异，但应逐步实现城乡大体相当。为此，公共服务应与基础设施建设协调推进，尤其要增强乡镇所在地和中心村的公共服务能力，还不能只是短期的一次性投入，而要确保持续发挥作用。

乡村建设慢不得也急不得，既要防不作为，更要防乱作为。所谓慢不得，是说要把农业农村优先发展落到实处。相对城市来说，乡村建设投入少、欠账多，但至今一些地方还是自觉不自觉地把基础设施、公共服务向城市倾斜，下一步应注意调整完善。所谓急不得，是说要保持历史耐心，明确建设时序。对农民还没有想明白、不愿干的，不能硬推，可以等等看、缓一缓。总体原则是，数量服从质量、进度服从实效。

我国农村从来不缺潜力，我国农民从来不缺智慧。各地开展了多样的乡村建设活动，既有政府主导的，也有市场运作的。不难发现，无论哪种形式，离开农民参与都很难成功。乡村建设是为农民而建，一定要多听农民意见，尊重农民意愿，让农民满意，把好事办好。

（刊发于 2021 年 11 月 23 日时评版）

农业科技自强重在重塑和融合

日前，《“十三五”中国农业农村科技发展报告》《2021 中国涉农企业创新报告》等一批农业科技报告密集发布，指出我国农业科技整体实力进入世界前列。3 个白羽肉鸡新品种通过农业农村部审定，成为我国首批自主培育的白羽肉鸡品种，打破了国外对白羽肉鸡种源的垄断。

这些好消息，源自我国农业科技进步贡献率达 60.7%，以及在部分大宗作物领域取得的一批世界领先的科研成果。物质装备水平显著提高，农业机械化大步推进，设施农业快速发展，跟过去比，我国农业科技取得了历史性成就。22 个重要农业国家中，我国农业科技论文发表量和发明专利申请量均为第一。在 ESI（基本科学指标数据库）学科评价指标中，中国农业大学的农业科学学科引用量保持全球前 1‰。从全球看，我国在农业领域的论文和专利方面有优势。

不过，科技创新对农业大国的意义，不仅限于发表论文或项目验收报告的数量，而是要支撑起农业增效、农民增收，真正解决农业农村面临的问题。我国与有的国家相比，要么农业资源禀赋处于劣势，要么劳动力成本不占优势。如何用越来越紧张的水土资源、越来越贵的劳动力，生产出更多更好的农产品，科技是突破口。随着生物技术、信息技术等加快向农业渗透，世界农业格局在深刻变革。面对内在约束和外部竞争，应努力实现农业科技自立自强。

当前，困扰农业科技创新的难题仍未破解。长期以来，农业科技各自为战现象较普遍，各地农科院所分工不科学、“上下一般粗”，低水平重复多，协同创新少。农业科研项目投入竞争性过度、稳定性不足，使得不少科研人员忙于项目立项和验收，难以沉下心搞科研。科研与推广“两张皮”现象直接影响了成果应用。可以说，农业创新资源分散、效能不高是突出问题。反映到人才上，就是“上头”的农科领军人才和“下头”的农技推广人才“两头缺”。

因此，实现农业科技自立自强，既要加强农业科技原始创新、避免关键领域被“卡脖子”，又要让农业插上科技的翅膀、种地挑上“金扁担”。换言之，既要“顶天”，着眼长远发展，超前部署前沿技术和基础研究，力争在世界农业科技前沿领域占有重要位置；又要“立地”，面向产业需求，解决科技与经济脱节问题，把论文写在大地上，把成果送到农民家。

“顶天”的关键词是重塑。我国有 50 多所涉农高校、1000 多个农业科研机构，是基础研究和应用研究特别是重大共性技术和关键应用技术研究的主体。过去受制于农业科研项目组织方式和考核评价机制，导致论文发了很多、专利申请了很多，却面临“被锁在铁皮柜里”的尴尬。一方面要推动涉农企业真正成为创新主体，另一方面科研院所应有更多担当。要重塑农业科研布局，强化国家农业战略科技力量，加强央地优势特色农业科研机构建设，完善农业科技人才评价和科研项目制度。

“立地”的关键词是融合。前些年，我国奶业屡遭进口冲击。从科技角度看，症结是科研单位积累了大量奶业科技成果，但缺少转化平台和应用场景。为此，76家企事业单位组建了奶业科技创新联盟，在几十家乳品企业示范生乳分级技术，使得加工能耗降低和鲜奶品质提升。通过产学研融合，我国奶业找到了自己的竞争力。今后要支持涉农企业与科研院所组建联合体，以利益为纽带，开展科技成果转化及产业化。在此基础上，衔接新型农业主体和新型职业农民，推动成果与市场结合，科技与产业融合。

（刊发于2021年11月30日时评版）

本轮猪周期拐点尚未到来

日前，五部门联合发布生猪产品信息数据，10 月末全国能繁母猪存栏 4348 万头，相当于正常保有量的 106%，处于黄色区域。据悉，牧原、温氏、正邦、新希望等在投资者问答平台上透露了 2021 年全年出栏计划，初步计算，四大猪企全年生猪出栏有望超 7500 万头。

经过全行业努力，今年二季度生猪生产已经完全恢复。6 月到 9 月出栏肥猪均价一路跌到成本线以下，养猪全行业陷入亏损。四季度市场价格回升，养殖亏损情况缓解，10 月散养和规模养猪平均每头亏损分别为 349 元和 335 元，分别比 9 月少亏损 42.2% 和 49.8%。11 月，生猪价格已高于成本线，部分养殖户开始盈利。由此来看，近期猪价上涨是恢复性上涨，原因主要是年底猪肉消费需求拉动，从价格的绝对水平看，猪价目前处于较合理区间。

当前，生猪和猪肉生产供应相对宽松这个基本面没有改变，这意味着接下来一段时间猪肉供给有充分保障，同时本轮猪周期的拐点还没有真正到来。据监测，3 月份以来，全国规模猪场每月新生仔猪数量都在 3000 万头以上，并持续增长。按照规律，仔猪育肥 6 个月后可以出栏，预计到明年一季度上市肥猪同比还会明显增长。10 月全国能繁母猪存栏量仍比正常保有量多 6%，预示着生猪供应相对过剩的局面还会持续一段时间。

中小养殖场户数量占全国养猪场户的99%，其生猪养殖量接近全国的一半。分散的养殖户群体庞大，从主观意愿出发，各方都希望避免猪价波动给自身造成影响，但是最终却容易变成“追涨杀跌”的顺周期行为。很多主体抱有侥幸心理，在价格好的时候，都希望别人去产能，自身尽量多生产、多出栏。由于规模养殖场有资金优势不愿轻易减产，散养户有成本优势能承受低价，导致本轮去产能速度变慢，底部时间可能拉长。猪周期是生猪价格波动的市场表现，养猪场户应多一些逆周期思维，在波峰或波谷到来前提前应对、未雨绸缪。当前，不要因为猪价有所回升而盲目压栏赌后市，也不要急于扩充产能，避免后期造成较大损失。

对养猪业来说，控制不了猪价，但可以控制养猪成本。无论何时，低成本的养猪能力都是养猪业的核心竞争力。本轮超级猪周期之下，规模养殖比重从2017年的46.9%提高到2020年的57.1%，行业集中度快速提升、产业链一体化加快发展。但是，成本分布不规则问题也日益凸显。这是此前高利润带来的行业快速扩张引发的阶段性现象。细说起来，不同模式的生产成本差异巨大，规模养殖场不同于散户，自繁自养不同于外购仔猪，“企业+农户”不同于全面投资模式。因此，养猪业在降本增效的过程中，应审时度势，平衡短期投入与长期投资，加强与产业互联网的合作，提升智慧养猪水平和总体生产效率。

对管理部门来说，肉价可以波动，但要避免短期内大起大落。要调整完善过去侧重稳存栏量的稳产方式，在前端调控能繁母猪保有量，在中端稳定规模养殖场户，在后端推动猪肉加工。能繁母猪是“总开关”，只要能繁母猪的存栏量变动不大，仔猪生产就有保障，生猪供应和猪肉价格就能相对稳定。定期释放能繁母猪信号，可以从源头上提前引导合理的产能布局。规模养殖场户是“主力军”。要通过“公司＋农户”、托管租赁、技术共享、品牌共创等方式，支持龙头企业与中小养殖场户形成利益共同体。肉类加工企业是“蓄水池”。做到这些，不仅可以调节猪肉上市节奏，还可以优化行业利润分布。为吸纳川猪产能，四川省在三地培育猪肉精深加工集聚区，这一思路值得借鉴。

（刊发于2021年12月7日时评版）

入世20年农业经验值得总结

2001年12月11日，中国正式加入世界贸易组织。入世20年来，我国农产品贸易额增长近8倍，农业对外投资初具规模。梳理入世以来的我国农业探索和实践，有助于更好应对新形势下的农业国际竞争与合作。那么，入世20年，中国农业有哪些值得总结的经验呢?

回望当年，农业是中国入世谈判的一个焦点，也是最艰难的领域之一。彼时，相对其他产业，我国农业是比较缺乏竞争优势的产业部门，经营规模小，组织化程度低，市场主体实力弱。但是，我国在农业方面做出了远超一般发展中成员的承诺。中国农产品进口平均关税率仅为15.2%，为世界平均水平的1/4；不享有发展中成员普遍享有的10%微量补贴量和发展箱；全部取消了农产品非关税措施，对大宗农产品实施关税配额管理；还取消了所有农产品的出口补贴。可以说，入世之初，许多人对我国开放条件下的农业发展充满担心。

不过，这一担心逐步转化成了信心。入世20年，我国农业有效应对全球粮食危机、国际金融危机和自然灾害、疫情等挑战，在开放中得到发展，在竞争中得到提升。如今，我国稳居全球第二大农产品贸易国、第一大进口国，是农产品市场开放程度最高的国家之一，正成为全球农业多边合作的引领者。究其原因，我国加快农业市场化步伐，农村土地制度、农产品流通体制、农业经营体系改革取得新进展，更注重利用世贸组织规则完善农业支持保护政策，更注重提高农民组织化程度，更注重用好传统的低成本比较优势。

随着RCEP的生效实施和谋划加入CPTPP，未来我国农业实际承受的挑战将更大。进口方面，我国已是全球大豆、油菜籽、棉花、猪肉等的最大买家。伴随国内消费需求结构发生深刻变化，农业的整体对外依存度预计还会上升。出口方面，我国农产品出口竞争已面临部分发达国家占高端和部分发展中国家占低端的局面。由于工业化、城镇化推进以及土地劳动力成本上涨，我国农产品无论是土地密集型还是劳动密集型，其国际竞争力都有走弱趋势。挑战与机遇同在，应在过去20年农业国际竞争合作经验基础上，谋新篇、布新局。

要继续利用“两个市场”，但进口必须要有安全线，超过后就要亮红灯。要立足重要资源国内生产自给的战略底线，明确不同农产品国内自给的程度和优先序，进而明确不同农产品进口的规模和优先序。比如，今后一段时间，需要继续进口大豆等资源消耗大、自身单产低的农产品。在此基础上，均衡有序释放农产品进口需求。对必须进口的品种，要推动进口来源国和渠道的多元化，降低对单一国家或地区的依存度，确保供应安全、价格可控；对必须增加进口的品种，要逐步地分阶段增加，从而引导出口国平稳供应以及减少对国内产业的冲击。

要推动农业贸易高质量发展，推动优质农产品和优势农业产能“走出去”。水产、水果等是我国农产品出口的传统优势领域，今后要加快培育农产品出口新优势，稳妥推进农业“走出去”步伐。一方面，要发挥规模效益、依靠科技进步，不断提升主要农产品的品质和特色，重塑出口优势领域。利用 RCEP 等提供的优惠市场准入条件，向相应市场拓展农产品出口渠道。另一方面，推动农业企业“走出去”，统筹谋划产业方向，科学选择投资区域，加大对重点领域的投资，以加工、仓储、物流为节点，推动我国农业产业链、供应链、价值链在全球的合理延伸布局。

（刊发于 2021 年 12 月 14 日时评版）

赋予农民更多财产权利

临近岁末，农村集体经济组织给村民们分红的消息不断见诸报端。而且，中西部地区农村集体分红的新闻多了起来，每户少则分到几百元，多则上万元。

农民分红的喜讯着实让人高兴，这离不开全面深化改革的时代背景。按照中央部署，从 2017 年开始，我国力争用 5 年时间完成农村集体资产股份合作制改革。这项改革赋予了农民对集体资产股份的占有、收益、有偿退出及抵押、担保、继承权。村民们作为农村集体经济组织的成员，按资产量化份额从集体获得收益，虽也可以叫股东或股民，但不同于一般投资所得。作为农村集体产权制度改革的阶段性任务，目前经营性资产股份合作制改革接近收官。

产权制度是市场经济的基石。我国农村承包地、宅基地等资源和集体经营性资产都属集体所有，这是中国特色的制度安排，也是农民农村共同富裕的基础。以土地为例，农地农用产生的收益是基本收益，土地用途改变产生的收益是增值收益。现实是，后者常数倍于前者，而且以往很多情况下农民没能充分享受。此外，农村很多资产还处在沉睡状态，没有转化为农民收入。通过改革，可以明确集体产权的权属和边界，赋予集体组织和农民对集体产权的相应权能，从而赋予农民更多财产权利。

一方面，乡村振兴要造福传统处于弱势地位的农村和农民，是农村各项改革的鲜明背景。因此，各地在推进过程中要关注农民中在乡群体尤其是弱势群体的利益。因为这部分人大多不愿或不能进城务工，更需要经营土地作为生计。农村土地既是生产资料，也是财富之母。此前，我国已完成承包地确权登记颁证，将15亿亩承包地确权给2亿农户，完成农村集体资产清产核资，确认集体成员9亿人。下一步，还要继续丰富农村产权权能，推进宅基地“三权分置”制度、集体经营性建设用地入市制度改革，让农民、集体和新型主体在资源利用和产业发展中实现共赢。

另一方面，亿万农民工长时间、大规模在城乡间有序流动，是我国城乡关系有别于其他国家的重要特征。乡村是重要的战略纵深，也是农民的立身之基，乡村振兴不能将进城农民的退路搞没了。开展集体产权制度改革，要依法保留进城农民在农村的宅基地、承包地和集体产权权益。2008年国际金融危机发生后，有大量农民工返乡；2020年新冠疫情突如其来，一度又有众多农民工留乡返乡，但我国经济社会大局始终保持稳定，一个非常重要的原因就在于农村土地制度和产权制度改革始终在正确轨道上，使得他们回乡后还有地种、有房住、有饭吃、有事干。

确权和赋权的目的是活权，让沉睡的资产动起来，让农村产权活起来，实现其应有价值。这就要求建立规范运行的农村产权流转交易市场体系。这几年，不少地方建立了农村产权流转交易市场，但总体还处于起步阶段，有的地方交易入场比例很低，很多地方抵押担保融资等还不顺畅。下一步，要加快建立符合农业农村特点的产权交易市场体系，改善配套服务，丰富交易品种，规范和引导农村产权交易流转，让农民更加信赖市场、市场更好服务农民。

可以预期，农村集体产权制度改革将重建我国农村集体经济的基础架构，也会带来实现农民财产权利的新动能。在国家与集体之间，重点是赋予农村集体更大的土地发展权；在集体与成员之间，重点是赋予成员对集体资产股份的更大权能。伴随乡村振兴战略全面推进，农民财产权利的大门会越开越大。

（刊发于 2021 年 12 月 21 日时评版）

守好“菜篮子”要有“金扁担”

元旦春节两节临近，“菜篮子”保供稳价颇受社会关注。日前，山东省推出“菜篮子”高质量发展指数，覆盖生产加工、市场流通、绿色安全等维度，成为全国首个评价“菜篮子”综合发展水平的指数。守好“菜篮子”，有必要从市长、农民、市场三个角度，寻找更多有效工具和创新手段，让各方都有“金扁担”。

目前看，今冬明春我国“菜篮子”产品供给总量是有保障的。据监测，全年主要蔬菜品种长势正常，面积和产量都有所增加。7个南菜北运大省和6个设施蔬菜重点省在田蔬菜面积均比上年增加，11月以来天气条件总体有利，伴随产量增加，价格已经回落。此外，全年猪肉产量大幅增加，牛羊肉、禽肉、奶类产量创历史新高，水果、水产总量充足。可以说，从全国来看，“菜篮子”供给是充足的。

但是，这并不意味着可以掉以轻心。近年来，蔬菜价格大幅波动现象在不少地方时有发生。虽然上涨或下跌是市场行为，但如果发生大范围、长时间的严重紧缺或价格猛涨，不仅会影响产业行业，还会影响群众生活。因此，根据情况变化，择机适时对蔬菜等“菜篮子”产品采取保供稳价措施十分必要。更重要的是，要有常态化机制和创新化手段，提高供给体系整体的适配性和灵活性。

市长要扛起“金扁担”，把责任落实到位。近年来，菜价大幅波动固然有客观经济规律的作用，但是也有部分因素是一些地区“菜篮子”市长负责制弱化，菜地规划面积不够、实际面积下降，生产组织程度偏低，流通设施能力不足，造成蔬菜自给率过低。这加剧了价格的大起大落，使农民“卖菜难”和居民“买菜贵”并存，这些问题在北方部分大中城市的冬春季节尤其明显。

对市长来说，要更重视“菜篮子”工程，统筹抓好生产、流通、调控工作。生产上，各城市都要有一定的自给能力，保有一定的在田面积。南菜北运地区要发挥光温优势，增加调出量；北方设施蔬菜地区要稳定优化设施，确保本地供应；城市郊区要提早安排当家品种生产。流通上，畅通从田间到市场的各环节，帮助流通企业与生产基地稳定对接，做好地菜与客菜、北菜与南菜、设施菜与露天菜之间的轮换和衔接。调控上，完善主要品种的储备调节机制，加强应急保供能力建设，并在菜价过高时适时补助低收入群体。

农民要挑起“金扁担”，把更多科技应用于农业。当前，我国蔬菜生产机械化率还比较低，良种推广应用也远远不够，抵御自然风险能力弱，加之难以获得及时的农业信息监测预警，容易陷入“多了多，少了少”的怪圈。要以机械化减少人工成本，以良种化提高产出效率，以信息化增加决策的前瞻性。以多元的农业社会化服务，弥补一家一户生产的短板，增强菜农的整体竞争力，实现主产区蔬菜产业集约化发展。

市场要铸起“金扁担”，用好价格保险等工具。在一定意义上，价格波动不可避免，这是市场机制在发挥作用。但是，也要顺势而为，用好金融工具，减少对产业链的不利影响。蔬菜价格指数保险是一种政策性农险，已在部分地区推广，利用菜价高于目标价格时的保险结余，弥补菜价低时农户的损失，确保种植户有最低收益，从而保证市场供应量。以海南为例，保费财政补贴 90%，农户自缴 10%。今年以来，仅人保财险就已助力海南 18 个市县菜农获赔 1.21 亿元。可以预期，随着蔬菜生产日益专业化，全国很多蔬菜专业户或合作社都有参保需求，保险机构不妨把握机遇。

（刊发于 2021 年 12 月 28 日时评版）

调整农业结构务求实打实

日前，农业农村部公布100个全国种植业“三品一标”基地，其优良品种覆盖率达95%以上。2021年全国农产品质量安全例行监测结果新鲜出炉，合格率为97.6%。这两组数据表明，农业结构调整取得了一定成果。

表面看，农业结构调整发力于面积调整或品种优化，表现在数量和质量上。但说到底，结构调整是围绕人的需求展开的，服务于亿万消费者。一方面，农产品需求弹性低，人们日益追求数量、质量、多样，农民经营主体需要向结构要效益，结构调整是顺势而为。另一方面，成本“地板”和价格“天花板”夹击，资源环境约束趋紧，国际竞争压力加大，结构调整也是不得不为。

农业保供从来都不单纯是总量问题，也是结构问题。确保粮食产量保持在1.3万亿斤以上，同时棉花、油料、糖料、蔬菜、饲料均要有一定的自给率，面积比例和区域布局就要保持在合理区间并不断优化。理论上，耕地可广泛用于一年生禾本科作物生产，即粮棉油糖菜等，共同特点是不破坏耕作层。现实中，不同作物的种植效益不同，不同区域的适宜作物不同，不同品种的供需形势不同。

在农业结构问题上，不能简单强调市场法则，不能完全是“什么赚钱就种什么”。在诸多农作物中，种粮的比较效益最低，但公共性和外部性最大，价格弹性最小，因而也最重要。因此，农业结构调整要坚持底线思维，必须首先确保粮食安全，尤其是口粮绝对安全。把必须保的、最重要的先保住保好，这是无论怎么调、调什么都必须遵守的基础和前提。回顾这些年，历次结构调整都以粮食丰收为背景。

农业结构调整虽不能唯市场，但也不能靠行政命令，而是要在尊重市场规律基础上，根据资源禀赋科学引导。在家庭联产承包制下，只要符合土地用途管制，农民对种什么、怎么种有自主经营权。农民有现实动力，调整优化才能持续。现实中，一些地方的结构调整，始终在较低层级徘徊反复，原因在于，没能真正吸引到农民。因此，要充分考虑农民收入因素，将品种、区域、产业布局嵌入激励机制中，实现“为国增粮、为农增收”。

调整要突出重点，扩种大豆和油料是2022年农业结构调整的一个重点。这是个难题，原因在于其费人工、单产低，比较效益不高、进口替代性强。思路就是创新驱动，一是科技创新，二是机制创新。一方面，农业稳产增产，科技至关重要。提高大豆自给率，就要创新栽培技术和种植制度，促进玉米大豆轮间作，应用生物育种技术，提高单产和出油率。另一方面，提升集约化水平和全产业链经营，可以节本增效。优化大豆和油料的价格支持和补贴政策，吸引新型生产主体和多元服务主体入场，帮助产业得实惠。

总体看，保质量、保多样与保数量可以并行不悖。一方面，结构调整要走出误区。化肥、农药不是洪水猛兽，关键在于科学施肥、合理用药；饲料、添加剂并非产不出高品质畜产品，关键是要科学饲喂、遵守规范。另一方面，结构调优的过程也是产能提高的过程。比如，在稳定小麦面积时可以优先强筋小麦，在稳定水稻面积时可以侧重优质食味稻米。再如，稻渔综合种养，不仅有利于稳粮增收和水产保供，还有利于稻田环境和稻米品质改善。

农虽旧业，其命维新。结构调整是个老话题，也是新课题。在新阶段，农业结构调整内涵更深、要求更高、难度更大，因而更要实打实。这一调整既要为农业生产者提供利益诱导，让其有动力；又要健全优化相关制度政策，让其有依从。

（刊发于2022年1月4日时评版）

“如何养殖”考验畜牧业竞争力

最近，我国畜牧业发展迎来行业规划。日前印发的《“十四五”全国畜牧兽医行业发展规划》提出，重点打造生猪、家禽两个万亿元级产业，到2025年，奶牛、生猪、家禽养殖率先基本实现现代化。“如何养殖”之于畜牧业恰如“谁来种地”之于种植业，值得深入思考。

畜牧业产出肉蛋奶等动物蛋白，是保障食物安全的战略产业。近年来，我国肉类、禽蛋产量保持世界第一，奶类产量居世界前列。养殖主体格局变化，小养殖场户加速退出，规模养殖快速发展。“一猪独大”局面在改变，禽肉、牛羊肉产量增加，畜产品结构多样化。更可喜的是，工商资本大量进入，畜牧业新业态不断涌现。对我国来说，提升畜牧业竞争力恰逢其时、意义特殊。我国人均耕地面积小，种植业受规模限制突出。相对而言，畜牧业资本和技术密集度更高，在经营规模上更容易突破，可以在农业中率先实现现代化。

不过，还要看到，畜产品供应总体还处于紧平衡状态，一有风吹草动就会形成较大的市场波动。牛羊方面，2010年到2014年，不少地方对牛羊生产的积极性不高，市场上的牛肉和羊肉供应持续偏紧，价格分别上涨了3倍和4倍；猪禽方面，阶段性过剩和阶段性紧缺交替并存，而一旦遭遇动物疫情等导致供应紧张，价格就会过快上涨，这在 2019 年到 2020 年的猪肉价格上表现尤为明显。虽然此后通过系列举措，价格都回归合理区间，但这也说明，抓好畜产品有效供给，从来就不是一件简单的事。

下一步，依靠国内资源增产扩能的难度日益增加，依靠进口调节国内余缺的不确定性也在加大，畜产品稳产保供任务会更艰巨。一方面，畜产品的生产性能不够高，养殖机械化率较低，行业竞争力较弱。畜产品进口连年增加，虽满足了消费者多元化选择，但也在一定程度上形成对国内生产的挤压。另一方面，21 世纪之初，我国畜牧业在成本方面有一定优势，但目前传统优势正在失去。今后，玉米等饲料粮供需矛盾突出，大豆、苜蓿等严重依赖进口，生产成本整体依然会偏高。

更重要的是，发展不平衡问题更突出，这在深层次上制约行业发展。从政策环境看，一些地方“菜篮子”市长负责制落实不到位，把养殖场视为“低端产业”，缺乏发展养殖业的积极性；从配套支撑来看，养殖设施建设及饲草料种植用地难问题突出，一些地方审批时松时紧，影响了一些主体投入畜牧业的稳定性；从环境约束来看，部分牧区生态环境容量饱和，部分农区粪污利用水平较低，保护与发展的矛盾凸显；从产业链看，大量的中小场户既没有跟龙头企业有效联结，也没有通过合作社组织起来，在市场波动中很吃亏，盲目跟风还加剧了市场波动。

按照《“十四五”全国畜牧兽医行业发展规划》，到 2025 年，猪肉自给率要保持在 95% 左右，牛羊肉自给率保持在 85% 左右，奶源自给率达到 70% 以上。只有建立完善的现代畜牧业生产体系，才能全面提升畜产品保障能力。具体而言，从政策来看，多部委针对养猪业已出台财政、金融、土地、环评等支持政策，有的突破了多年未解决的难题。有必要将上述政策固定化并拓展适用范围到整个畜牧业。从主体来看，规模养殖已是畜牧业产出的中坚，但中小场户依然占据主体数量的优势。要抓大不放小，支持龙头企业通过订单、托管、入股等多种形式，带动中小场户提高效益。从方式来看，要瞄准发展动力和生产效率，推动畜牧业新技术、新业态加快成长，顺应物联网、大数据、人工智能对畜牧业的再造，补齐畜禽种业、饲草料、屠宰加工等短板，有效降低生产成本。

（刊发于 2022 年 1 月 11 日时评版）

农机化短板亟待补齐

日前发布的两大农业规划在农业机械化上有了交集。《“十四五”全国农业机械化发展规划》提出，到2025年，粮棉油糖主产县（市、区）基本实现农业机械化。《“十四五”全国种植业发展规划》提出，农机装备创新发展，主要农作物生产全程机械化加快推进。这凸显出农机化全程全面发展的迫切性。

农业现代化的本质是农业生产过程的现代化。农机、种子、耕地、农资是农业发展的物质要素，良机良种良田良资是现代农业的关键环节。从农机来说，农业现代化的重要标志就是农业机械作业基本替代人力畜力作业。有关部门预计，2021年全国农作物耕种收综合机械化率超过72%。眼下，大田生产正告别“面朝黄土背朝天”，无人驾驶农机、植保无人机等智能农机进军一线。

随着新一代农村人口加速向城镇流动，农村青壮年劳动力短缺成为常态，农业生产人工成本逐年攀升，解决好“谁来种地、怎样种地”，对农机的普及应用提出了新需求。从农业的各细分产业来看，农机化水平高的地区和产业，呈现出规模生产有基础、土地流转有条件、经营成本有优势的特点。过去一段时间，大豆油料糖料发展遇到困境，存在进口依赖，就与农机化水平不够高有关，缺少先进适用机械，导致用工多、生产成本高，竞争力弱。

当前，农业机械化在区域、品种、环节上的发展还不平衡，有许多难题需要攻克。从区域上看，北方平原地区发展较快，南方地区特别是西南丘陵山区发展较慢，典型丘陵山区县农作物综合机械化率低于 50%。从品种上看，主要粮食作物生产机械化水平较高，但经济作物以及畜牧业、渔业、设施农业等机械化水平较低。从环节上看，相比全国农作物生产环节耕种收机械化率 72%，初加工环节的机械化水平还有 30 个百分点的差距。

究其原因，一方面是农机产品研发制造亟待加强。“无机可用”“无好机用”导致“供不足需”“供不适需”。我国是世界第一农机生产和使用大国，但高效率、多功能、精准化农机还比较缺乏，存在高端产品和核心部件受制于人的局面。另一方面是农机农艺农田协同不够。在一些西部地区、丘陵山区的乡镇，农机合作社仍是空白，农田建设、耕作制度与农机现状不适宜，有了农机却无用武之地。

对此，今后可从优补贴和补短板两方面入手解决。

优补贴，国家支持农业机械化的力度不能减。从国际上看，农业发达国家在实现农业机械化前，普遍采取直接补贴措施支持农民购机，有的目前仍在实施，有的逐步转化为机具购置贷款贴息、保险补助等措施。从国内看，我国要实现全程全面机械化还有很长的路要走，农机购置补贴政策已成为农机化发展的政策基石，深受农民欢迎。要推动补贴向农机合作社倾斜、向优质机具倾斜，使农机应用与农艺制度相融合，农机服务模式与农业经营方式相适应，农机作业与农田建设相适应。

补短板，农机行业科技创新的步伐要加快。大型大马力高端智能农机装备和丘陵山区适用小型机械这“一大一小”是目前主要的短板所在。用自己的农机装备生产自己的粮食，中国饭碗才能端得更稳。我国农机企业规模普遍较小，研发主要侧重结构设计，难以单独承担重大农机产品创新重任。要让科研院所与农机企业形成合力，在关键共性技术上取得突破。在此基础上，推动农业机械化由粮食作物向棉油糖、果菜茶等经济作物扩展，从种植业向养殖业、设施农业等发展，由平原地区向丘陵山区进军。

（刊发于 2022 年 1 月 18 日时评版）

农业保供离不开产业升级

春节临近，农产品保供稳价依然是社会关心的热点。商务部表示，将会同有关部门向部分省区市投放中央储备牛羊肉，适时组织冬储菜等生活必需品投放。农业农村部表示，将主攻产地冷藏保鲜设施建设，建设更加畅通有效的现代农产品流通体系。

综合看，春节和以后一段时间，全国肉蛋奶果菜鱼供应总量充足，完全可以满足城乡居民消费需求。2021 年全国农林牧渔业增加值比上年增长 7.1%，是近年来增幅最大的一年。眼下，柑橘等大量上市，苹果、梨等库存充裕，水果市场总量足、品种多。当前，全国蔬菜在田面积同比增加 200 多万亩，预计未来 3 个月蔬菜供应量同比增加 350 万吨，加上冬储蔬菜，可供每人每天约 3 斤菜。这一组组数据折射出底气所在。

不过，“菜篮子”保供稳价并非高枕无忧。日前，农业农村部、国家发展改革委等对 36 个城市“菜篮子”市长负责制落实情况进行了考核。总体看，各城市“菜篮子”产品调控保障能力逐步增强。但部分城市也暴露出自给能力下降，受新冠疫情、极端天气等影响，一些“菜篮子”品种价格短期上涨等问题。今年稳产保供任务重，后期部分地区可能会出现阶段性不利天气，农产品保供稳价面临的压力较往年偏大。

展望全年，结构性、品种性问题依然存在。蔬菜总量问题不大，就怕出现季节性、区域性短缺，应紧盯灾害性极端天气，强化生产监测预警，制定应急保供预案。生猪产能调控机制已经建立，重点是分级落实产能调控责任，稳定环保、用地等长效性支持政策。这几年牛羊肉产需缺口越来越大，要实施肉牛肉羊生产发展行动，提升稳定供给能力。

在落实具体品种保供举措的同时，有必要完善农业全产业链体系建设，加快推动产业升级，以增加农产品供给体系对需求变化的适应性。

要加快建立农业市场信息长期监测预警体系。吸取生猪供给波动的教训，对标国外农业信息监测预警体系，应用大数据等新兴信息技术，变事后调节为事前引导，既防大涨也要防大跌。蔬菜方面，明确重点品种和区域，支持大中城市提高蔬菜自给率，加强产销有效衔接。生猪方面，收集发布产能、生产、价格等信息，围绕母猪存栏等核心指标，引导养殖场户合理调节产能，防止大起大落。

要加快建立农业补贴与农资价格联动机制。2021 年以来农资价格上涨明显，眼下化肥价格虽比高峰时有回落，但总体仍偏高。当前，全国大部分地区处于春耕生产准备阶段。要建立完善农业补贴与农资价格联动机制，明确联动条件、范围、幅度，及时给予实际种地农民补贴，避免强农惠农富农政策被农资涨价因素冲减。

要完善产地仓储保鲜冷链建设。设施农业让农产品生产实现了周年供应，但是，丰收在田不等于餐桌无虞，周年供应不等于均衡上市。农产品供求受多重因素影响，从产地到餐桌的路很长。近年来，设施农业产能增长迅速，但仓储保鲜能力明显不足。减少价格波动，必须依靠农业生产条件改善、仓储保鲜冷链建设等措施，这是个长期的过程。对县域来说，要针对大流通的需要，结合田头市场建设，布局一批节能型贮藏库，形成农产品流通“蓄水池”。

（刊发于 2022 年 1 月 25 日时评版）

种业振兴要畅通科技经济循环

岁末年初，种业不断传来好消息。国家家畜基因库2021年抢救性收集保存了5万份遗传材料，目前资源保存总量达120万份，跃居世界首位。新的种子法将于3月1日起施行，扩大植物新品种权的保护范围和保护环节，以激发育种原始创新。在推动种业振兴纵深发展的一年里，要破解种业科技和经济“两张皮”，加快构建商业化育种体系，着力打造优势龙头企业，形成种业振兴企业集群。

小小的种子早已成为科技较量的赛场。从世界范围看，种业历经矮秆化、杂交化、生物技术三次迭代，正迎来基因编辑、人工智能融合发展的新一轮科技革命。种业发达国家培育了一批集技术、人才、资本于一体的头部企业，就像电脑主板一样，使科研、生产、市场、投资等都能找到接口，集成组装优势资源，实现成果快速转化。目前，德国拜耳、美国科迪华共占全球种子市场份额的40%以上，世界白羽肉鸡种源市场的90%集中在两家畜禽种企手中，全球种业向头部企业聚集的趋势愈发明显。

对我国来说，如果没有极具竞争力的种企，单产水平上不去，就谈不上种业振兴。当前我国四大粮食作物亩均单产与最高水平的国家都有不小差距，水稻比单产最高的澳大利亚低110多公斤，小麦比单产最高的新西兰低近300公斤，玉米单产只有美国的60%。

大豆更是短板，近年来自给率仅15%，进口量居高不下，很大程度是因为育种水平不够高。大豆育种力量集中在科研单位，育种企业原创性成果不足，导致平均亩产仅130公斤，出油率不高、机械化程度较低，影响农民种植积极性。

可见，能否畅通种业的科技和经济循环，事关种业自主创新的成色，事关种业振兴行动的成败。为此，必须加快提升企业创新创造能力，让企业来主导整合聚集各方资源，使科研成果、市场需求在企业这块集成主板上顺畅对接。畅通这一循环的关键，是建立产学研融合的商业化育种体系，实现科研、金融、基地与企业的无缝对接，把资源优势转化为品种优势，把品种优势转化为产业优势。

科研单位与优势企业对接。从知识产权看，我国八成左右的种业资源和育种人才集中在科研院所，80%的农作物种企没有植物新品种权，拥有10个以上新品种权的企业仅占2.3%。实现科企对接，目标是把铁皮柜里的专利转化为企业育种的资源，要共建研发平台或产学研创新联合体，鼓励科研人员到企业育种、为企业育种，在种质资源、育种技术、科研人才等方面为企业提供更有效的支撑。

金融机构与优势企业对接。种业是资金密集型产业，需要真金白银的投入。我国农作物种企有7000多家，年研发投入总和仅40亿元，相当于德国拜耳的一半。种业又是一片蓝海，吸引着各类资本投入。农发行计划5年安排1000亿元支持种业，国开行设立科技金融专项贷款重点支持生物育种。下一步，要鼓励金融机构推出适合种业特点的产品，强化投贷联动，创新融资方式，发挥产业基金、股权投资等引导孵化作用，形成长期稳定的金融支持。

种业基地与优势企业对接。2021年，国家推进海南南繁、甘肃玉米、四川水稻等育制种基地建设，启动建设黑龙江大豆种子基地。

如今很多地方也在打造区域性种业基地，要完善配套设施和专业服务，让优势企业安心扎根。更重要的是，要认清自身优势，实现基地与企业协同发展。比如，北京种业的特点是生产和销售在外、科研机构在内，相关企业不妨利用好这一特点。

（刊发于 2022 年 2 月 8 日时评版）

收储能改变超级猪周期吗

日前，国家发展改革委宣布，全国猪粮比价已进入过度下跌二级预警区间，将指导各地开展猪肉储备收储工作。连日来，多地已打响虎年稳定猪肉价格“第一枪”，四川省启动万吨猪肉收储，湖北省新一轮省级猪肉收储预计 2 月中下旬完成。

猪价低迷且短期走势不被看好，是当前国家和省级层面出台收储举措的主要背景。国家发展改革委数据显示，全国平均猪粮比价连续三周处于 5∶1 至 6∶1 之间。农业农村部数据显示，2 月 10 日全国农产品批发市场猪肉每公斤均价 21.15 元，较 2021 年同期下跌 53%。由于去年价格大幅下跌，养猪上市公司近日开启“比惨”模式，猪肉概念股年报大面积预亏。

在猪价下行的同时，养殖成本处于历史高位，受制于猪价下跌与成本上升的双重挤压，养殖效益缩窄至常态水平。尽管从全国来看，按出栏量加权平均计算，2021 年全年出栏生猪每头利润 564 元，远高于正常年份约 200 元的盈利水平。但是，自繁自养和外购仔猪两大类养殖场户分化明显，冷暖不均。同时，月度差异巨大，年内有 5 个月行业整体亏损。进入 2022 年，全行业亏损再次出现，如不干预，亏损还会扩大。猪价过低的时间越长，生猪去产能的幅度越大。一旦过度去产能，未来供应就会短缺，猪价就可能上涨。

尽管本轮超级猪周期尚未结束，但依然可以得出一些结论：叠加非洲猪瘟疫情和不当限养禁养因素影响，前期产能降幅之大前所未有；猪肉价格最高时达 30 多元一斤，价格涨幅之高前所未有；突破了一些困扰行业多年的堵点，政策支持力度之大前所未有；产能恢复之快前所未有，提前半年恢复到常年产能；产能恢复后价格下跌之快前所未有，生猪价格快速跌至 5 元一斤；转型升级势头前所未有，规模养殖水平和粪污利用水平快速提升。六个“前所未有”的背后是行业大开大合，既有含泪离场也有带着希望入场。

过去有观点认为要熨平猪周期，现在看来这既不现实也没必要。猪周期与生猪生产、动物疫情的周期性有关，也受经济环境、产业政策等外部因素影响。在现阶段，猪周期是市场规律的客观表现，不能避免。但可用好用足手段，尽力压扁猪周期，避免大起大落。生猪产能恢复正常后，如何构建稳产保供的长效机制，既巩固产能恢复成果，又促进产业健康发展，还要保持价格处于合理区间，需要持续发力。

启动猪肉收储只是稳定猪价的手段之一。毕竟，从以往年度收储来看，收储总量占猪肉消费量的比例很小。年度收储量大多不超过 20 万吨，相比 5000 万吨以上的猪肉需求量相差悬殊。因此，收储本身对供需影响较小，但对市场情绪和养殖信心是有效提振，同时也是一种政策托底和预期管理，目的是避免生猪产能过度淘汰。收储任务大多通过委托企业的方式实施，也利于有关屠宰企业、加工企业抓住猪价低位运行的时机，加大补仓力度，畅通产业循环。

从长远看，生猪保供稳价还要从生产端入手，建设现代生猪产业。与粮食产能要稳定在 1.3 万亿斤以上类似，要将猪肉产能稳定在 5500 万吨左右。一方面，稳产能要稳大县，稳定产业政策。继续开展生猪调出大县奖励，真正落实用地、环评政策。支持优势屠宰产能向养殖集中区域转移，实现与养殖布局相匹配。另一方面，稳产能要稳大场，稳定行业信心。推进标准化规模养殖，加大对规模养猪场的信贷支持。推动绿色养殖、智慧养殖、立体养殖趁势而起。

（刊发于 2022 年 2 月 15 日时评版）

一“扩”一“减”做好大豆必答题

春耕时节，有关大豆和豆粕的新闻不少。近期，全国饲料价格上涨，多家大型饲料企业以豆粕等价格上涨为由提高饲料价格。同时，黑龙江、吉林、内蒙古等多地提出将扩大大豆种植面积。

促进大豆和油料增产，是中央对今年农业工作提出的明确要求。作为大豆的原产国和最大进口国，我国大豆振兴如何推进，效益难题怎样解决？可以说，大豆问题已成为农业的必答题，眼下的春耕生产正是明晰思路的一个切入点。

大豆被认为是我国农业的一个难题。我国大豆进口总体呈逐年增加趋势，居各类农产品进口量首位，2020 年超过 1 亿吨，2021 年达 9652 万吨。我国大豆单产较低，亩产只有 130 公斤，出油率较低，机械化率低，相对三大主粮来说大豆费工费时还不赚钱，农民种植意愿较低。我国耕地红线为 18 亿亩，对应农作物年播种面积 24 亿亩，如把进口大豆全部折成国内生产，需要 7 亿多亩播种面积。此外，国际大豆定价权和压榨加工产能大多在国际大粮商手中。近年来，国际豆粕价格上涨较快且不稳定，给我国养殖业发展带来困扰。

反过来看，大豆也可以是增强农业竞争力的突破口。大豆是重要的饲料和油料作物，关系植物油和肉蛋奶生产。做好大豆文章，既可以保供给，扭转农产品进口量攀升的局面；也可以优结构，增强畜牧业竞争力和饲料业效益；还可以保生态，粮豆轮作间作可改善土壤质量。破解难题要创新手段，这倒逼着农业科技创新、生产模式优化、内部结构调整。眼下正值春耕备耕，大豆玉米带状复合种植与饲用豆粕减量替代成为今年的新动向。两者都是以新技术新模式来解决大豆问题的有效探索，前者瞄准的是扩大大豆生产，后者聚焦的是减少豆粕需求，共同构成了必答题的多选项。

毫无疑问，作为稳定油脂和饲料供给的重要举措，大豆难题的解决需要一个过程，要持续做好“扩”和“减”的文章。

提高单产是大豆产业的必由之路。2000 年至 2018 年，我国大豆单产年均增长率为 0.69%，低于同期世界年均 1.28% 的水平，也低于美国、巴西的 1.86% 和 1.11%。近几年，尽管我国已研发引进了一些增产效果明显的先进品种，但受制于经营规模、配套机械等因素，无法大范围应用。在耕地资源约束日益突出的形势下，要从规模经营、粮豆轮作、品种培育、农机化等多方面集成新模式，尤其是要加快优质、高产大豆品种选育推广，提高品种的适应性。

合理的政策支持力度是应有之义。大豆竞争力不仅是单产，还有质量和价格。质量不外乎出油率、蛋白含量，主要体现在科研领域；而价格则包括进口壁垒、补贴支持和农民意愿等。中国按照加入世贸组织时的承诺，取消了大豆的进口关税和配额限制。在价格支持力度上，大豆也不如水稻、小麦、玉米等谷物。今后应强化大豆产业支持，权衡大豆的国内外比价以及国内大豆与玉米比较效益，确定大豆生产的支持水平，让农民种大豆有利可图。黑龙江省今年明确原则上大豆生产者补贴每亩高于玉米生产者补贴 200 元，值得各地借鉴。

推进饲用豆粕减量替代，从技术和经济角度看都是可行的。

2021年，我国肉类和牛奶产量创新高，但大豆进口量未增反降，得益于合理减少饲用豆粕需求。2021年，全国豆粕占饲料比例较上年下降2.4个百分点，节约饲用豆粕折合1400万吨大豆。在减少饲用大豆需求的同时，肉类供应总量和品质都有保障。据测算，今后养殖业还可实现豆粕减量2300万吨以上，折合减少大豆需求近3000万吨，相当于2.3亿亩耕地的大豆产出。下一步，还要畅通种养链条，改变传统饲料利用观念，优化饲用豆粕减量措施。

（刊发于2022年2月22日时评版）

加快开展全产业链农业监测预警

缓解农产品"卖难、买贵"，正迎来更多政策。日前发布的中央一号文件强调统筹做好重要农产品调控，提出推动建立统一的农产品供需信息发布制度，分类分品种加强调控和应急保障。落实这一举措，就要瞄准农业全产业链开展监测预警，统筹产前、产中、产后各环节，建立健全农业风险管理的支持服务体系。

近年来，农产品季节性滞销时有发生，区域性"卖难"与"买贵"并存，困扰着农民和消费者。从农业风险管理角度看，原因主要有两方面。一方面，千家万户的小生产对接千变万化的大市场，普通农户难以及时准确获得信息。农户知道自己种了多少，也知道上个周期的价格，但不知道市场走向和潜在风险，往往丰收了却没有增收。另一方面，农业生产总量不断增加，农民经营水平不断提升，但由于生产要素叠加、产业链拉长，农业风险总体不仅没下降反而更大。部分行业协会对结构性供求失衡缺乏预判，有的地方应对暴涨暴跌的手段不足。

农产品消费属高频次即时性消费，在一定程度上具有不可预测性，但也不是无规律可循。农产品消费弹性相对较小，价格波动主要源于种植面积、异常天气、上市茬口等因素造成的供应量波动。近年来，各地对部分农产品调控已有一定的应对经验。面对动物疫情、作物灾情和市场波动叠加的挑战，迫切要运用好现代信息手段，从更全维度掌握农情、分析研判、推送服务。可以说，农业监测预警既是农业管理水平的体现，也是农业数据能力的反映，更是农业产业能力的展示。加快农业现代化，就要未雨绸缪，开展农业全产业链监测预警。

农业展望是农业监测预警的一种重要形式，已成为一些国家和国际组织的普遍做法。美国是最早开展农业展望的国家，从 1923 年起，美国农业部连续发布农业展望报告。这不仅成为其引导国内生产的手段，也成为争取国际定价权和贸易主动权的途径。进入 21 世纪，联合国粮农组织等也陆续对主要农产品进行中长期展望。过去，我国农业数据多以统计填报为主，年度类数据多，实时类数据少，导致时而出现市场形势判断迟缓的情况。2014 年起，我国每年发布农业展望报告，围绕大品类进行生产、消费、价格预测，服务决策和引导市场的作用初步显现。

农虽旧业，其命维新。农业遥感技术的进步使得预测当季产量成为可能，农业物联网和人工智能的发展提升了传感器获取数据的速度，农业大数据和云计算使得模型分析更科学准确。随着智慧农业的发展和经营水平的提升，我国农业信息采集系统实现了从无到有的突破。但是，由于农业生产环境多变，农业信息依然难以大面积、低成本、标准化获取，这从源头影响了监测预警的质量；此外，监测预警的品种范围还相对局限，信息采集后的分析研判和发布服务水平也亟待提高。

今后要从数据获取、分析、服务三方面提升监测预警水平，努力让农民能“明明白白种地”。一是创新应用信息化手段，集成物联网、人工智能、遥感、5G 等技术，加速向新型经营主体和典型经济作物扩展，实现农产品全产业链信息即时、可视、可感知。二是学习国际先进经验，开展农产品预测预警模型、供需平衡表研究。在此基础上，按照“有所为有所不为”的原则，锁定农产品市场调控的重点品种、区域。三是从农民增收和物价稳定的大局出发，构建面向小农户和新农民的社会化信息服务体系，使监测预警信息及时服务于全产业链，实现农业信息资源共享合作。

（刊发于 2022 年 3 月 1 日时评版）

让我们重新认识盐碱地

盐碱地是正在召开的全国两会上的一个热词。习近平总书记在看望参加全国政协十三届五次会议的农业界、社会福利和社会保障界委员时指出，农田必须是良田，要建设国家粮食安全产业带，加强农田水利建设，实施黑土地保护工程，分类改造盐碱地。今年的政府工作报告提出，加大黑土地保护和盐碱地综合利用力度。这启示我们，18 亿亩耕地红线要守住，5 亿亩盐碱地也要用好。要因地制宜、分类推进，将符合条件的盐碱地适度有序开发为耕地。

盐碱地开发利用对端牢中国饭碗具有重要战略意义。目前，我国农业形势总体良好，粮食供给保障有力，但部分农产品对外依存度较高，粮食安全依然是紧平衡。近年来，耕地数量呈刚性下降趋势，守住 18 亿亩耕地红线难度加大，耕地质量总体不高且局部退化严重。更重要的是，耕地后备资源总体有限，由于灌溉水资源条件较差，可开垦并稳定利用的后备耕地资源更是有限。我国盐碱地面积广阔，经过几代科学家的努力，已有利用盐碱地的初步科技储备和实践经验。从这一角度看，增加耕地资源的一个重要潜力在于合理开发利用盐碱地。

盐碱地开发利用是提高农业产能的途径，但也是个世界性难题。过去，一些地方在盐碱地利用上有盲目性，传统的扩张开发意识强烈，保护性开发程度不高，存在投资过大、效果不佳的情况，导致农民后续用地缺乏积极性。由于开发技术的局限性和盐碱地治理的复杂性，过去一些取得盐碱地治理成果的地方，局部也出现了开发田撂荒、盐碱化重现的问题。现有的一些盐碱地治理技术方案成本高，实施过程复杂、轻简化不够，对不同区域盐碱地适用性差，也影响了盐碱地保护性利用。这意味着，在新形势下开发利用盐碱地，要有新理念。

应摸清盐碱地资源家底，完善顶层设计。尽管新中国成立之初就有治理盐碱地的实践，但我们对盐碱地的了解和应对还处在初级阶段。比如，在不同的统计口径和概念界定下，盐碱地的总面积和可开发面积也不尽相同。日前，国务院决定开展第三次全国土壤普查。应同步开展盐碱地普查，尽快摸清盐碱地的类型、数量，集成空、天、地一体化技术，摸清不同区域的盐碱分布及修复潜力。在此基础上，开展盐碱地开垦潜力评价分析，编制开发利用工程规划，为盐碱地综合利用提供科学依据。

应把生态保护放在突出位置，尊重自然规律。盐碱地本身就是生态环境脆弱区，开发利用盐碱地的每种措施都有一定的适用范围和条件。因此，对盐碱地开发利用的前提是生态治理和有效保护。要以科学合理的开发利用促进生态的有效保护和生产的持续发展，实现多重目标有效协同。具体而言，以综合治理为主攻方向，倡导工程、植物、微生物等方式，推进高效节水、精准控盐、土壤修复等技术，绿色消减盐碱障碍，营造健康的土壤环境。

应统筹盐碱地治理和利用，实现模式创新。盐碱地治理利用是农业投入与产出的统筹，也是人类与土地关系的管理。在这个过程中，人们对盐碱地的认识也在进步。过去的思路主要是治理盐碱地、让盐碱地适应作物，如今要向选育更多耐盐碱作物、让作物适应盐碱地的方向转变。比如，在适宜地区可以发展海水稻（耐盐碱水稻），从治理盐碱转向适应盐碱。再如，在适宜地区示范种植耐盐碱大豆，可培肥地力、蓄水保墒。盐碱地类型多样、成因复杂，需要分类推进，有针对性地构建技术模式，确保盐碱地能被合理利用。

（刊发于 2022 年 3 月 8 日时评版）

构建高质量农资产业体系

当前正值春耕大忙时节，既是农资产品销售旺季，也是制售假冒伪劣农资行为的高发期。3月15日是消费者权益保护日，近日多地开展农资打假专项治理行动，为春耕生产和全年农业保驾护航。铲除滋生假冒伪劣农资的土壤，要构建高质量的农资产业体系和规范有序的农村市场体系。

总体来看，农村领域的假冒伪劣行为有两大类问题较突出，一是假冒伪劣食品，二是假冒伪劣农资。前些年，“康帅傅”“雷碧”等假冒伪劣食品在部分农村大行其道。近年来，各地加强农村食品安全监管，目前状况已得到较大改善。与假冒伪劣食品相比，假冒伪劣农资问题更为复杂，治理难度也更大。假冒伪劣农资难以仅从表面确定其真伪，加之农业生产周期长、发生事故责任认定难，农户维权成本高、企业打假成本高。去年以来，化肥等农资价格在高位运行，容易诱发违法行为发生。

农资是农业生产的基础，直接关系国家粮食安全和农产品质量安全。近年来，农业生产进入高成本阶段，农资对农业的作用也越来越大。据测算，农资投入占粮食作物整体生产投入的28%以上，园艺作物、畜禽养殖的农资投入占比则更高。现在，农资市场存在一定程度的“劣币驱逐良币”现象。比如，有机肥推广不开，一个很重要的原因是质量不过关的有机肥以价格优势占据市场，不但达不到预期效果，有的还会污染环境。可见，推动农业高质量发展，绿色安全的投入品是基础。提高农业竞争力，要以农资打假推动形成绿色优质导向。

尽管连续多年开展农资打假行动，农资市场得到持续净化，但滋生假冒伪劣农资的“土壤”还未能彻底铲除。一方面，传统风险因素犹存。农资生产经营主体多而散、小且弱，农资监管手段还不足，一些地方不同程度存在地方保护主义。另一方面，一些新动向需要警惕。农资违法手段更加隐蔽，难以有效惩处。以种子为例，“假品牌、假手续”的传统假种子基本销声匿迹，市场上的假种子大多是套牌种子。这些种子甚至有品种审定证书等手续，本身质量也还算过关，但侵害了植物新品种权，影响了种业创新积极性。

要推进农资行业高质量发展。审批管理是农资产品进入市场的第一关，也是推动农资行业转型的源头。按照“放管服”改革的要求，近年来部分涉及种子、农药、肥料等行政许可事项被取消或下放。虽然审批方式改革了，但其实是对监管提出了更高要求。各地有关部门要推动农资管理由侧重事前审批向强化全程监管转变。在保障产品质量不下降的前提下，对生态绿色、优质高效的农资产品加快审批；对不符合产业政策、技术落后的农资产品，依法不予登记和续展，推动农资行业向高质量转型升级，改变农资生产主体“散小弱”的格局，压缩假冒伪劣农资的生存空间。

要规范农资市场体系建设。当前，农资制假售假夸大宣传、冒充名牌洋牌、流窜作案等行为打而不绝。立足春耕，要突出城乡接合部、农资集散地、种植养殖基地等重点区域，聚焦种子、农药、肥料等重点品种，推动直销直供、连锁经营、农资电商等新模式壮大。着眼长远，要促进大数据和物联网在农资领域的示范应用，健全农药、兽药数字化监管平台，种子、肥料审批登记信息服务平台。完善流通，畅通农资物流和末端配送，确保供得足、可追溯。激活信用，完善守信激励和失信惩戒机制，把信用作为各类农业项目申报的条件，让守信者实在受益，让失信者寸步难行。

（刊发于 2022 年 3 月 15 日时评版）

重塑大豆产业竞争力

大豆正持续受到关注。去年底，中央政治局常委会会议专题研究“三农”工作时强调，要实打实地调整结构，扩种大豆和油料。今年的中央一号文件明确，大力实施大豆和油料产能提升工程。今年的《政府工作报告》提出，促进大豆和油料增产。日前召开的扩种大豆油料工作推进电视电话会议提出，采取过硬措施，增加大豆种植面积。重要会议和文件如此密集地强调大豆，在历史上也不多见。

在我国统计口径中，大豆属于粮食范畴；在国际上，粮食单指谷物，大豆则是油料和饲料来源。在我国几大粮食作物中，水稻、小麦、玉米均实现了相当高的自给率，唯独大豆85%的消费量要靠进口，已成为我国进口量最大的农产品。近些年，大豆进口依存度过高的问题，时常成为社会关注的焦点。在中央强调保障初级产品供给和树立大食物观的新形势下，有必要重新审视大豆问题，破产业困局、开发展新局。

从初级产品供给的角度看，大豆的供给保障能力强不强，影响我国农业的成色和经济的韧性。作为典型的初级产品，无事的时候大豆可能不显山不露水，有事的时候其重要性非同一般。这些年，大豆困局的背后是需求量增加迅速，原因是居民膳食结构变化，人均食用油和肉类消费量均远超世界平均水平。食用油消费增长迅速，从动物油脂和菜籽油为主变为大豆油为主；肉类消费量增长迅速，20年间提高了3倍，导致对豆粕需求旺盛。大豆供给当然离不开国际市场，但我们也要保有一定的产量，这样面对国际市场才有底气，避免关键时候买不到、买不起。

从大食物观的角度看，大豆关系粮食安全也关系食物结构。大豆天然存在与谷物尤其是玉米争地的问题。此前，为优先保障口粮，政策向谷物倾斜，加之大豆比较效益低，农户种植意愿不强。“十三五”期间，国家调整种植结构，压减供给过剩的玉米，大豆面积从2016年的1.08亿亩增加到2020年的1.48亿亩，达到近10年最高值。2021年春，玉米价格涨幅较大，农民对玉米预期更高，导致2021年大豆面积较上年减少2200万亩。全年1.3万亿斤的粮食产量当然要确保，但作为特殊品种，大豆关系豆制品、植物油、肉蛋奶消费，也很有必要单独强调、专门施策。

进一步分析大豆困局，症结在于行业效益。从单产看，过去20年间，我国大豆单产增幅既远不及美国、巴西，也远低于国内三大谷物。目前，我国大豆亩产130多公斤，比世界平均水平差50多公斤，比美国、巴西差约100公斤。从种植面积看，我国大豆种植面积不到美国和巴西的1/3。按现有单产水平，如果生产1亿吨大豆，需要7亿多亩地。但实际上，我国耕地面积近年刚性下降，如果作物间的比较效益不改变，短期难有那么多地种大豆。从利润看，我国大豆种植亩均净利润2014年后开始出现负值，人工成本常年占总成本的三成。尽管美国和巴西大豆利润波动较大，但极少出现负利润。

大豆发展开新局，关键是重塑行业竞争力。一是强政策。保产量的首要还是保面积。要完善大豆生产者补贴政策，充分考虑平衡玉米大豆种植收益，让农民种大豆不吃亏，自然愿意多种、套种、间种。二是强科技。这当然离不开培育高产大豆品种，但更重要的是，在推广已有优良品种上下功夫，在提高机械化率上做文章，从而提高单产、降低成本。三是强加工。加工上承种植、下启养殖，是吐纳产能的蓄水池。发展大豆加工业，要提高原料利用率，创新加工技术，针对食用大豆发力高档大豆蛋白产品，针对油用大豆提高压榨水平，从而提升价值链。

（刊发于 2022 年 3 月 22 日时评版）

做好“三茶”融合这篇大文章

春芽吐新绿，清气满人间。眼下正是春茶采摘的关键时节。春茶的产量与产值分别占全年的五成与七成，一直是茶叶市场角力的重点。能否把握好春茶季的产业融合机会，考验着茶产业发展的质量与效益。

过去两年的春茶期，习近平总书记都对茶产业发展做出重要指示。2020 年 4 月，习近平总书记在陕西平利县考察时步入茶园，同茶农们亲切交谈，希望乡亲们坚定不移地走生态优先、绿色发展之路，因茶致富、因茶兴业，脱贫奔小康。2021 年 3 月，习近平总书记在福建武夷山考察时察看春茶长势，了解当地茶产业发展情况，强调要统筹做好茶文化、茶产业、茶科技这篇大文章，坚持绿色发展方向，强化品牌意识，优化营销流通环境，打牢乡村振兴的产业基础。

一片叶子，成就了一个产业，富裕了一方百姓。我国是世界第一茶叶大国，茶园面积占世界的六成，毛茶产量占世界的一半，茶叶消费量超世界的四成，出口额世界第一。近年来，各地立足自身资源禀赋，推动茶叶产能持续扩大，产业链整体水平得以提升。目前，我国已形成四大优势区域，茶树品种结构不断优化，茶园管理水平显著提高，茶叶加工基本实现机械化。茶产业让一座座荒山变成了金山银山，一棵棵茶树也铺就了一条条乡村产业振兴路。

不过，在茶产业快速发展中，一些问题也开始凸显。产业集中度低，经营主体多、小、弱，家庭式、作坊式不少，产业链条短；加工水平不高，速溶茶、茶食品等精深加工产品以及茶多酚、茶色素等功能成分开发不足。我国有茶叶类商标5万多个，但大部分缺乏市场影响力；有全世界最好的茶叶，但千家茶企却不及一家“立顿”。更有甚者，过度包装、夸大宣传等营销乱象，以次充好、以假乱真等违规行为，“天价茶”炒作现象等，近年来时有发生。

小小茶叶，一头连着千万茶农，一头连着亿万消费者。破解行业面临的供需失衡、质量不稳、效益不高、营销乱象等问题，既是茶产业高质量发展助推乡村振兴的关键之处，也是我国从茶叶大国迈向茶叶强国的必由之路。为此，要做好茶文化、茶产业、茶科技“三茶”融合文章，春茶期正是好机遇。

如果把茶产业比作一架飞机，茶文化和茶科技就是两翼。从茶文化角度看，近年来新式茶饮兴起，年轻一代对茶焕发消费热情。要着眼新生代的需求，创造更多具有流行张力的消费场景和产品形态。从茶科技角度看，从标准化生产到规模化加工，都需要科技的加持。应支持龙头企业和科研院所合力进行茶科技创新，开发精深加工产品。从茶产业角度看，应将茶叶从单一产业变为复合产业。比如，茶园变公园，茶区变景区，推进茶旅融合，发展体验、研学等业态。总之，“三茶”融合就是要让文化之美为产业铸魂，以科技之力为产业赋能，以茶科技的硬实力和茶文化的软实力，激发茶产业的无限可能。

茶产业的现状在某种程度上也是乡村特色产业的现状。当前，乡村产业存在不同程度的同质化竞争现象，大路货多，精品和优质产品少；产业链条短，产品附加值和效益偏低；有的产品虽优秀，但“养在深闺人未识”，没能走出深山、实现优价。不同于粮食，特色农产品更市场化，在价格上更有弹性，也更有条件跨界融入现代要素和时尚元素。乡村产业是涵盖一、二、三产业的大农业，要立足特色资源，贯通产加销、融合农文旅，使其业态更丰富、功能更多元，推进产业融合，从而不断壮大。

（刊发于 2022 年 3 月 29 日时评版）

莫以破坏生态为代价开发耕地

日前，中央第三生态环境保护督察组向陕西省反馈督察情况时指出，陕北地区水资源短缺，土地荒漠化和沙漠化现象严重，却违背自然规律安排大量耕地占补平衡项目。督察显示，2012 年以来，榆林市靖边等县区开垦沙地、林草地约 30 万亩，部分项目甚至位于毛乌素沙地腹地。靖边县开垦耕地导致农灌用水剧增，2020 年超采地下水 3578 万立方米。2018 年以来，榆林市毁林开垦 13.3 万亩，加剧林地退化和土地沙化。

粮食安全与生态环境均为国之大者，两者统一于农业绿色发展这一时代命题。被通报的行为，表面上看属于增加耕地面积之举，实则会欠下产能亏损账、生态亏欠账，是对粮食安全和生态环境的不负责。比如，毛乌素沙地自然降雨不能满足农作物需要，而玉米、土豆等稳产高产必须有灌溉水。在开垦中忽视“水”这一根本因素，不考虑当地水资源短缺的实际，会导致地下水超采，反而加剧林地退化和土地沙化。这警示我们，开发利用耕地资源要做到科学开发、合理利用，不能以破坏生态环境为代价进行耕地开发。

一方面，要领会实施耕地占补平衡的要义。为应对工业化、城镇化占用耕地，国家出台耕地占补平衡的法律规定。近年来，少数地方存在占多补少、占优补劣、占近补远、占水田补旱地等情况。

针对耕地占补平衡中“狸猫换太子”的行为，中央一再要求“规范占补平衡”。如何做到规范？也就是产能不可打折扣，良田就是良田，一亩就是一亩；耕作制度不可打折扣，不能占一年两熟的地，补一年一熟的地；地类不可打折扣，不能占水田补旱地，占水田补水浇地，占水浇地补旱地。

另一方面，要把握开发耕地后备资源的精髓。耕地后备资源是指适合开发为耕地的资源，包括荒草地、盐碱地和裸地等。长期以来，各地通过开发耕地后备资源，有效补充了耕地，但也面临不少挑战。比如，经济发展快的地区后备资源稀缺，在省域内实现占补平衡越来越难。再如，容易开发的资源大多已开发，余下来的则开发成本较高。眼下，新一轮全国耕地后备资源调查评价工作正在进行。要以此为契机，全面掌握最新耕地后备资源变化情况、分布特点，更要依照开发难易程度和成本收益等，明确优先顺序和路线图。

除了沙地，盐碱地也属于耕地后备资源。盐碱地本身就是生态环境脆弱区，并非所有盐碱地都适合农业开发利用。同时，开发利用盐碱地的每种措施，都有一定的适用范围和条件。今年中央一号文件提出，积极挖掘潜力增加耕地，支持符合条件的盐碱地等后备资源适度有序开发为耕地。从“符合条件”和“适度有序”的表述可以看出，对盐碱地开发利用的前提，是生态治理和有效保护。要统筹考虑现有技术条件和资源禀赋，因地制宜，稳步推进。

山水林田湖草沙是生命共同体。以大食物观而言，从更好满足人民美好生活需要出发，在确保粮食供给的同时，肉类、蔬菜、水果、水产等缺了哪样也不行。因此，要尊重自然规律，深怀敬畏之心，用系统思维统筹生态保护、综合治理、农业生产工作，宜粮则粮、宜经则经、宜牧则牧、宜林则林、宜荒则荒、宜沙则沙，形成同资源环境承载力相匹配的生产结构和区域布局。应提倡挖掘潜力增加耕地，但不能过度开发、不当开垦，否则既无助于提高当下的农业产能，也不利于子孙后代的长远利益。

（刊发于 2022 年 4 月 12 日时评版）

高标准建设高标准农田

农田建设有了更高的国家标准。日前，市场监管总局（标准委）批准发布《高标准农田建设通则》（以下简称《通则》）。这是2014年原《通则》发布后的首次修订，也是2018年党和国家机构改革农田建设管理职能整合归并至农业农村部后，农业农村部牵头修订的第一个农田建设领域国家标准。

保障粮食安全，要害在种子和耕地。耕地保护和农田建设犹如耕地安全的“鸟之两翼”。耕地保护既有数量红线也有质量红线，农田建设既发力于质量也发力于数量。与20世纪80年代相比，当前耕地现状不容乐观，南方耕地酸化、北方耕地盐碱化、东北黑土地退化等问题尤其突出。按照规划，到2022年末，要建成10亿亩高标准农田。据测算，由此新增的产能相当于新增2.75亿亩耕地。可见，农田建设是弥补耕地数量下降、质量不足的重要措施。

截至目前，我国高标准农田累计建成9亿亩，有力支撑了粮食和重要农产品连年丰收。但总体来看，由于耕地自然禀赋基础不好，农田建设历史欠账较多，大部分耕地防灾抗灾能力依然不强，高标准农田占比不足一半。经过多年建设，资源条件较好、相对集中连片的区域，多数已实施高标准农田建设项目，剩余的多是难啃的“硬骨头”。尽管农田建设对农业和农民很重要，但对地方的经济效益不显著，导致一些地方改善耕地质量的投入不足。

加强高标准农田建设，必须有科学适宜的标准。由于机构改革之前高标准农田建设分属不同部门管理，各部门对资金使用、投入标准、建设内容、组织实施等要求不尽一致。在实际工作中，一些地方对什么样的农田属于高标准农田，存在认识不一致、建设标准不统一的情况。以新的国家标准出台为契机，科学统一的高标准农田建设标准体系已经形成。面向高质量发展的时代要求，今后要高标准建设高标准农田，从三大导向突出高质量要求。

突出产能导向。农田必须是良田，良田优先是粮田。农田建设的目标是提升农业产能。《通则》分省给出了高标准农田建成后三大谷物应达到的粮食综合生产能力参考值。这意味着，既要加强水利、道路、配电等基础设施建设，改善农田外观形态质量；又要改良土壤、提升肥力，改善耕地内在质量状态。要优化建设布局，在永久基本农田、粮食生产功能区和重要农产品生产保护区等重点区域优先开展。要新建与提升并重，既要提高新建项目质量，又要推进已建项目的改造提升。

遵循绿色导向。耕地是生产和生态的统一体。新时期，在耕地使用时，要突出种养循环、用养结合的可持续方式；在耕地建设中，要将绿色发展理念贯穿高标准农田建设全过程。比如，平整田块时，不宜打乱表土层与心土层，应推广节水灌溉技术等。鼓励应用绿色材料和工艺，建设生态型田埂、渠系、防护林等，减少对农田环境的不利影响。

强调协调导向。农田建设资金规模大、涉及部门多、与农民高度相关，更需要加强统筹协调。对参与部门来说，应在耕地指标认定、水资源保障、电力配套、田间路网建设等方面协同发力。对破解资金难题来说，应提高土地出让收益用于高标准农田建设的比例，用好高标准农田建设新增耕地指标调剂收益、发行地方政府债券等方式。对农民来说，不妨在消除农田痛点之后，投入新型农机、优良品种、先进模式，把昔日的“望天田”变成“吨粮田”，实现良田良种良法良机配套。

（刊发于2022年4月19日时评版）

引导社会资本有序投入乡村

日前，农业农村部、国家乡村振兴局联合印发《社会资本投资农业农村指引（2022 年）》，明确了鼓励投资的 13 个重点产业和领域。

从乡村发展角度来看，扩大投资离不开社会资本。相比工业和城市，农业农村长期缺乏资金。此前打赢脱贫攻坚战，各类资金投入超过 12 万亿元，如今在全面推进乡村振兴的过程中，资金需求更多，需要财政、金融、社会多元投入。社会资本是第一产业固定资产投资的主力之一，用好社会资本既能为农业农村注入资金活水，又能同步导入人才、技术、管理等现代要素。

从社会资本角度来看，乡村是“蓝海”和“富矿”。全面推进乡村振兴，亿万农民同步迈向现代化，能够释放巨量的消费和投资需求。在新发展格局下，乡村振兴和新型城镇化“双轮驱动”，农村可腾挪的空间、可投资的领域、可激发的动能都很大。资本追求利润、讲究回报，投资农业农村大有可为，还能享受补贴或政策优惠。这是近年来各类企业跨界务农的重要原因。

可见，能否正确对待、科学引导社会资本投资农业农村，关系到现代化建设全局和城乡融合发展大局。为此，要引导好、发挥好社会资本投资农业农村的积极性。

一方面，要激发社会资本投资活力。

对政府来说，要提供良好的营商环境和公共服务。提高重大工程项目参与方式、运营方式、盈利模式、投资回报等相关信息透明度和可获得性，营造公平竞争的市场环境。明确社会资本能够享受到的扶持政策及其前置条件，保持相对稳定的政策环境，让市场主体形成明确预期，增强投资信心。要关心其现实需求，帮助解决融资、用地等痛点难点。

对资本而言，要聚焦重点，创新方式方法。在农业农村领域，有些事情适合农民干，有些适合资本干。在产业重点层面，不能盲目铺摊子，要把目光放在资金和技术密集型行业，聚焦优势环节，比如智慧农业、设施农业等。在投入方式上，应发挥市场化、专业化优势，完善农业全产业链开发模式、探索农村区域整体开发模式、创新政府和社会资本合作模式等。

另一方面，要规范社会资本投资行为。

对政府来说，要设置好“红绿灯”。在监管方式上，建立健全监管和风险防范机制。对社会资本租赁农户承包地要实行上限控制、分级备案、审查审核、风险保障金和事中事后监督。尤其是县域，要立足村庄现有基础，结合乡村实际，引导社会资本稳妥有序投入，不搞超越发展阶段的大融资、大开发、大建设。

对资本而言，要守住底线，不碰红线。依法依规从事农业生产经营，规范用工、薪酬、社保等各项事务，提高合同履约能力，不损害农民权益。遵循耕地红线，不占用耕地搞非农建设，不“跑马圈地”“圈而不种”，落实国家防止耕地“非农化”“非粮化”的要求。守住生态红线，不搞大拆大建，更不能违规围湖造景、砍树挖山，要切实保护好农村生态环境。

农业是永不衰退的朝阳产业，农村是大有可为的广阔天地。当务之急是打造一批社会资本投资农业农村的合作平台，为资本下乡提供规划、信息、融资、土地、运营等一揽子服务，实现控风险、降成本、提效率。社会资本自身也要注重合作共赢，把产业收益更多留在乡村，把就业岗位更多留给农民，带动农村同步发展、农民同步进步。

（刊发于 2022 年 4 月 26 日时评版）

关注农民工结构性新变化

日前，国家统计局发布2021年农民工监测调查报告。报告中，关于农民工年龄结构和区域结构的新数据尤其值得关注。

就业不仅是民生问题，也是发展问题。近3亿农民工的就业，事关经济社会全局和亿万农民福祉，尤其牵动人心。从农民收入结构来看，近年农民的务工收入已超过务农收入，成为农民收入的第一大来源。促进农民增收的关键是稳住务工收入。从产业与就业的关系看，人口红利多了，经济才有活力，反之亦然。扩大农民工就业容量、提升就业质量是当务之急。

农民工就业是观察经济的一个窗口。近年来，在就业优先政策实施下，农民工就业总体稳定。农民工总量从2010年的2.42亿，一路增至2019年的2.91亿，2020年受新冠疫情影响，略有减少，2021年又恢复增长并创新高。尽管总量还在增长，但是增速已减缓。2021年，农民工总量只比2019年增加174万人。更严峻的是，今年以来，疫情的影响仍在全球蔓延，在我国呈现多点散发态势，农民工就业不确定性因素增多，收入增速也面临下滑的挑战。

过去，人们关注农民工的结构性问题，主要聚焦于“招工难、用工荒”，其背后固然有农民工总量增速下降的因素，更有技能型农民工结构性短缺的因素。如今，正确认识农民工结构性变化的一些新趋势，对做好经济工作具有特殊意义。

一是农民工流动更趋本地就业的趋势凸显。2021 年农民工总量比上年增长 2.4%，其中，外出农民工增长 1.3%，本地农民工增长 4.1%。本地和外出的划分标准为是否在户籍所在乡镇地域以内从业。外出就业对乡村有巨大积极作用，也有些许消极影响。积极作用表现在为农民打开二、三产业就业空间，成为增收的重要来源。消极影响表现在乡村青壮年劳动力流失，有可能加剧乡村“空心化”。本地就业则离土不离乡，成为活跃县域、联结城乡的纽带。

二是农民工总体老龄化趋势明显，新生代农民工成为外出农民工的主力。近 5 年来，全国农民工平均年龄逐年提高，50 岁以上农民工占比也在提高。2021 年本地农民工平均年龄为 46.0 岁，外出农民工平均年龄为 36.8 岁。老一代的农民工正在返乡路上，更倾向于就地就近务工，新生代农民工则成为不少行业的用工主体。农民工老龄化既是人口老龄化的体现，也是劳动力结构性短缺的体现。新老农民工的代际转换既与就业结构有关，也与产业结构有关。

农民工受新型城镇化和乡村振兴战略双重影响。无论是新型城镇化还是乡村振兴，都要把农民工外出就业与本地就业结合起来。实际上，外出就业为农民工打开了眼界，本地就业为农民工提供了平台，两者相辅相成、适时转化，蕴含着乡村发展的动能。对外出农民工来说，各地应解决就业信息不对称、就业形态不丰富、就业技能不足等问题；对本地农民工来说，要加大农业农村投入力度，大力发展农村二、三产业，丰富县域经济形态，帮助其就地就近就业。

让农民工在城乡间顺畅流动、各美其美，既是城镇化道路的客观要求，也是应对风险挑战的回旋余地。2008 年国际金融危机爆发，2000 多万农民工返乡。2020 年受新冠疫情冲击，一度有近

3000万农民工留乡返乡。在这种情况下，经济社会大局能保持稳定，关键是农民在老家还有地有房，回去有地种、有饭吃、有事干。农村改革始终要注意保护农民利益，无论是本地农民工还是外出农民工，都要切实维护其土地权益；新型城镇化要聚焦农业转移人口市民化，让有能力和意愿的农民工在适宜的地方乐业安居，享受均等化的公共服务。

（刊发于2022年5月10日时评版）

农村改革重在抓好“三块地”

眼下，各地在推进农村土地制度改革。安徽省部分地区探索承包地“小田并大田”改革，江苏省部分地区推进闲置宅基地盘活利用，广东省部分地区制定农村集体经营性建设用地入市实施办法。这些实践启示我们，在“三农”工作重心历史性地转向全面推进乡村振兴的当下，务必要继续用好农村改革这个法宝。

我国农村改革由调整农民与土地的关系开启，新形势下农村改革的主线仍然是处理好农民与土地的关系。这是因为，进入新发展阶段，农业农村在经济社会中的基础性地位没有变，我国大国小农的基本国情农情没有变。农村土地分为承包地、宅基地和集体经营性建设用地，是亿万农民的“命根子”，关系国家粮食安全、乡村产业发展和农村和谐稳定。当前和今后一个时期，要继续把处理好农民与土地的关系作为农村改革的主线，重在抓好“三块地”。

承包地制度改革要与小农户发展相协调。要把握好改革中的变与不变。在农村土地集体所有、家庭经营基础性地位、现有土地承包关系不动不变的基础上，通过承包地“三权分置”改革和发展农业社会化服务，探索土地经营权流转、农业经营方式的多样多变，推进土地资源优化配置。同时也要看到，小农生产方式是我国农业的长期基本现实。农业现代化需要适度规模，但小农户演变是个历史过程，即使到 2035 年，城镇化率达到 70%，仍将会有四五亿人生活在农村。要支持小农户同现代农业发展相结合，提升新型经营主体联农带农能力。

宅基地改革要探索盘活利用闲置农房。伴随农村人口大量向城镇转移，不少村庄出现“空心化”现象，宅基地占地扩张与大量闲置并存、审批管理严格与“一户多宅”并存等问题交织。宅基地是农村土地制度改革中牵涉利益最复杂的领域，也是我国一项特殊的制度安排，与农村产业发展、乡村社会治理等密切相关。推进此项改革要以保障农民基本居住权为前提，赋予宅基地使用权作为用益物权更充分的权能。要在依法的前提下，探索宅基地“三权分置”的具体实现形式，结合发展乡村旅游、农村创新创业，盘活利用闲置宅基地和农房。

建设用地要建立“地尽其用”的机制。乡村振兴的一个突出问题，是农村的建设用地自己用不上、用不好。近年来，不少地方探索出台了设施农业用地和农村产业融合发展用地等政策。今后要解决“地从哪来、怎么用”的问题，从而保障乡村振兴合理必要的用地需求。乡村建设，靠新增建设用地指标难度很大，主要还得靠盘活存量。当前农村还有一些闲置建设用地，可通过入股、租用等方式，直接用于乡村产业；在符合国土空间规划前提下，可通过土地整理等方式，节余出建设用地指标用于乡村振兴；乡村产业总体较分散，还可探索点状供地等新方式。

总体看，推进农村土地制度改革，要切实维护农民权益。因此，推进农村改革，不能只算经济账、眼前账，还要算政治账、长远账。比如，农村土地既是生产资料，也是兜底的社会保障。那就不能简单算经济账，当作一般的不动产来进行政策设计。比如，承包地流转如果只讲效益，就会陷入“规模越大越好”“老板代替老乡”的误区，可能会带来社会问题。特别要强调的是，要保障进城落户农民的土地承包经营权、宅基地使用权和集体收益分配权。

（刊发于 2022 年 5 月 17 日时评版）

财政支农要统筹增产增收

近日，中央财政下达资金 100 亿元，再次向实际种粮农民发放一次性农资补贴，支持夏收和秋播生产，缓解农资价格上涨的影响。不久前，为稳定蔗农收益，财政部、农业农村部、银保监会在广西开展糖料蔗完全成本保险和种植收入保险。这是创新财政支农机制的有效探索，也让人们思考财政如何更好助力乡村振兴。

运用财政政策促进农业发展是国际通行做法。无论是发达国家还是发展中国家，都强调政府对农业的支持和保护，最重要的莫过于财政政策。对我国来说，农业要发展，投入是关键。全面推进乡村振兴，更要真金白银地投。近年来，中央始终把农业农村作为财政支出的优先保障领域，财政支农力度只增不减，推动了粮食和重要农产品连年丰收。

我国农业正处于由传统向现代转型的关键期，呈现高投入、高成本、高风险的特点。一方面，规模化、集约化水平提高，小农户和新主体并存；另一方面，资源、环境约束趋紧，自然和市场风险加大。针对此，财政支农，就要通过直接支出、税收、补贴、政府采购等手段调节工农城乡利益关系，统筹兼顾农业增产与农民增收。

农业增产与农民增收是农业农村发展的两大主题。“保供给”“保收益”总体是统一、可兼顾的，但有时难免也会有冲突。相对二、三产业而言，农业天然是弱质产业，但重要农产品又有很大的外部性，关系国家安全和社会稳定。因此，既要支持农业绿色发展和适度规模经营，抓住农业的“主形态”，保障农产品供给，也要统筹考虑市场走势和生产形势，确保农民的基本合理收益，给农民吃下“定心丸”。

财政支农，关键要提高政策效能，与产业同频共振，从而提高农业比较效益。作为最大的发展中国家，财政支农要立足于基本国情。现阶段，与发达国家搞补贴竞争，单纯依靠增加补贴来保障农业供给，既超出了财政承受能力，也不符合世贸组织规则。大幅度提高农民收入，主要还是靠市场作用。对我国来说，提高农业补贴效能，要在稳存量基础上着力优增量，把激励性补贴与功能性补贴相结合，聚焦产业链各主体发展的共同需要，探索适应不同主体特点的支持模式。

饭碗一起端，责任一起扛。地方也要加大“三农”投入，财政再困难也要优先保证农业支出，夯实农业产业基础。一是稳步提高土地出让收入用于农业农村比例，改变以往“取之于农，主要用之于城”的情况，服务于乡村振兴，尤其是强化农田、种业等基础支撑。二是目前各级政府批准设立的农业农村领域政府投资基金已有较大规模，应重视质量和效益，针对以往“周期长、投入大、回报低”的问题，因地制宜探索多种方式，吸引社会资本投入，促进乡村产业融合。

财政要与金融、保险协调联动，从而帮助农民抵御风险。以财政与保险协调联动为例，要以覆盖农业生产总成本或种植收入为目标，探索开展完全成本保险和种植收入保险。农业保险是农业风险管理的重要手段。过去传统的政策性农险保障水平低，是因为仅能覆盖直接的物化成本。随着劳动力和土地成本上升，赔付额与完全成本差距拉大，农民觉得“不解渴”。去年以来，我国在产粮大县对三大主粮、在广西对糖料蔗实施完全成本保险和种植收入保险，关键在于财政资金补助农民保费。下一步，可在更多重要农产品和主产区扩大实施范围，在财政资金撬动下，寻找较高赔付水平与较合理保费投入的平衡，以此支持农业和农民。

（刊发于 2022 年 5 月 24 日时评版）

破解农产品冷链“缺链”短板

夏日来临，冷链作用更显重要。日前，财政部、商务部决定以促进农产品冷链物流发展为重点，支持加快农产品供应链体系建设，相关文件已经发布。由此审视，农产品冷链既是当前农产品供应链体系的短板所在，也是今后促进农业产业链升级的潜力所在。

随着农业生产日益专业化、区域化，农产品呈现跨地域、反季节的大流通特征，不同于米面油，果蔬、肉类、水产等鲜活农产品仓储运输需要冷链支持。以果蔬物流损失率为例，发达国家可控制在5%以下，而我国该数据明显较高，原因就在于冷链物流还不发达。此前数据显示，我国果蔬、肉类、水产品冷藏运输率分别为35%、57%、69%，远低于发达国家90%的平均水平。这就要求我们加快发展农产品冷链，降低产后损耗，增加储运能力。

长期以来，农产品区域性、季节性“卖难买贵”成为困扰农业的突出难题，影响着消费者和农民的利益。分析起来，农产品集中上市带来的短时供求失衡是重要原因。农产品冷链物流贯穿一、二、三产业，连接生产和消费，是缓解上述问题的钥匙。“暂时卖不掉就先存起来”“错峰的农产品更吃香”，可以实现错季销售、扩展区域，既满足周年供应、消费升级需求，又能提升附加值、助农增收。

当前农产品冷链存在不同程度的“缺链”现象，冷链设施总量明显不足。产地冷库建设相对滞后，现代化冷库数量偏少，低温加工配送中心不足，公路冷藏及保温车占货运汽车的比例极低等问题有待解决。尽管全国冷库容量近年来保持较高增速，目前超过 70% 的农产品批发市场建有冷链设施，但是，我国人均冷库容量仍低于多数可比国家，还不能完全满足庞大的农产品产销需求。

除总量问题以外，还有结构性矛盾。首先，城乡冷链发展不均衡，部分地区存在同质化低价竞争、低水平重复建设现象，相当部分冷库利用率不高。其次，设施标准规范滞后，现有标准不统一、衔接不够，不少地方温控手段粗放，信息化程度较低，影响了效益。最后，运营主体也面临一些困难，其大多实力较弱，筹资能力较差，在用电用地等关键环节存在堵点。

壮大冷链离不开科技支撑。农产品冷链物流本身是技术密集型产业，还要达到监管部门可溯源、可追查的要求。对市场主体来说，当务之急是加强智能分拣、全程温控等智慧冷链技术应用，推动 5G、物联网等技术与冷链结合，加大视频采集、温湿感应等设备投入。对政府部门来说，要开展数字化冷库试点，构建多层级数字冷库网络，完善冷链物流信息平台建设，打通行业信息数据壁垒。

做强冷链需要增加资金投入。冷链设施投资规模大、回收周期长，虽有显著收益，但风险也很大，还有很大的公益性。比如，日本、韩国形成了以农协为主体的仓储保鲜冷链体系。法国、荷兰依托大型公益性农产品批发市场搭建冷链物流体系。我国已在探索财政资金撬动社会资本投入的机制，要推动进一步降低市场风险，吸引更多社会资本投入。近年来，有的第三方冷链平台联合保险公司，创新探索农产品运输过程理赔服务，较好解决农产品流通“无险可买”的难题，各地不妨借鉴。

农产品冷链是产地与市场的桥梁。总体来看，要补齐冷链设施短板，提高冷链质量效率，做好各环节衔接。目前农产品批发市场的冷链建设已具雏形，下一步要做好两个“一公里”衔接。要与产业优势衔接，聚焦产地“最初一公里”，在田间地头建设一批具备保鲜、预冷、初加工功能的中小型仓储设施。要与消费需求衔接，面向城市“最后一公里”，健全销地冷链分拨配送体系，引导商超企业等完善城市末端冷链物流设施。

（刊发于 2022 年 5 月 31 日时评版）

压实“菜篮子”保障责任

日前，农业农村部、国家发展改革委等11部门印发《统筹新冠肺炎疫情防控和“菜篮子”产品保供稳价工作指南》，进一步压实“菜篮子”市长负责制。这启示我们，城市特别是大中城市要完善“菜篮子”产品保供稳价长效机制，在这类攸关安全、涉及稳定的重要民生商品上，要把保障系数调得更高一些，把余地留得更足一些。

民以食为天，“菜篮子”就是老百姓的天。在新冠疫情防控形势依然严峻复杂的背景下，“菜篮子”产品保供稳价更显重要。不管是无疫情的地区还是有疫情的地区，确保居民基本保障的“菜篮子”供给都容不得半点马虎。我国实行“菜篮子”市长负责制，地方政府特别是市级政府要统筹抓好“菜篮子”生产发展、产销衔接、流通运输、市场调控、质量安全等工作。唯有如此，才能为统筹疫情防控和经济社会发展提供基本物质保障。

从生产端来看，就全国而言，当前“菜篮子”产品生产是有保障的。全国蔬菜在田面积超过1亿亩，同比增加300多万亩，重点监测的28种蔬菜均价连续8周下跌，目前价格与去年同期基本持平；夏季时令水果逐步进入上市旺季，重点监测的6种水果均价环比下跌；去年生猪生产已完全恢复，今年以来，生猪出栏继续增加，猪肉价格在持续下跌后探底回升；牛羊禽和渔业产量均稳中有增，价格总体正常波动；蛋价有所回落。总体看，肉蛋奶果菜鱼生产形势较好，供应总量充足，完全可以满足居民消费需求。

当然，生产端总体供给有保障，并不代表就可以高枕无忧。对城市而言，田里的要运到市场里才放心；对居民而言，市场里的要买到家里才作数。“菜篮子”产品大多是鲜活农产品，居民固然日常会储存一些，但又不大可能存太多太久。从流通端和消费端来看，还存在一些不尽如人意的地方。比如，一些地区层层加码、“一刀切”的管控措施，导致“买难买贵”现象时有发生。因此，眼下保供稳价的重点应放在流通端，在科学防控疫情的同时，不仅道路要通、运输要畅，市内分销和终端配送也不应受阻。

道路要通。各地要严格落实国家鲜活农产品运输“绿色通道”政策，做好重点物资运输保障，着力提升运输效率，科学合理设置防疫检查点。要按照蔬菜、水果、肉蛋奶等“菜篮子”产品及饲料、种畜禽、化肥等农资纳入常态化疫情防控重点保障物资范围的要求，优先核发《重点物资运输车辆通行证》，实现快申快办、全国互认，不得层层加码限制运输。

市场要畅。因疫情防控需要，农产品批发市场、农贸市场、商超等关停的，要及时启用临时交易场所，满足“菜篮子”产品交易需求。一旦条件允许，应尽快恢复农产品批发市场、农贸市场、商超等流通节点功能，让流通体系运行起来。用好产地仓、中转仓、前置仓、销地仓等仓储物流设施，实现线上高效对接、线下快速流通。在落实疫情防控要求的前提下，鼓励企业创新销售方式，采取“社区驿站”“移动售卖车”等形式。

生产要通畅。各地要落实分级分类差异化防控措施，保障农业生产有序开展，让农民下得去地、农资进得了田、农货出得了村。

主产区合理安排种植品种和上市茬口，与销区建立相对稳定的对接关系；大中城市应加强生产能力和应急保供能力建设，在周边积极发展速生菜、芽苗菜生产。

“菜篮子”产品保供稳价关乎千家万户，并非易事，但却是件必须做好的事。统筹疫情防控和“菜篮子”产品保供需要担当和智慧，各地要在做好疫情防控的同时，结合地方实际，打通堵点卡点，妥善应对可能的产销不畅、流通受阻等情况。

（刊发于 2022 年 6 月 7 日时评版）

生猪产业转型步入关键期

眼下，猪肉价格正在触底回升。国家统计局数据显示，今年3月下旬至5月下旬，生猪价格从每公斤11.9元涨至15.7元；5月份，猪肉价格同比下降21.1%，环比上涨5.2%。同时，地方也有消息传来。四川省农业农村厅近日发文明确，“十四五”期间，将建设100个优质商品猪战略保障基地县，全省年出栏生猪6000万头。在生猪供给数量处在合理区间的当下，思考如何提升行业发展质量很有意义。

尽管价格环比有所上涨，但当前生猪供需格局总体稳定，生猪产能保持在合理区间，消费者不用担心供应问题。2021年9月出台的《生猪产能调控实施方案》确定调控目标为全国4100万头能繁母猪，绿色合理区间是4100万头的95%~105%。当前，能繁母猪存栏量连续11个月向正常保有量回调，连续7个月处于绿色合理区间。近期猪肉价格的变化是产能调减后市场的正常反应，使得生猪养殖重回盈亏平衡点，有利于养殖场户摆脱此前的亏损局面。

生猪产业转型发展是大势所趋，当前正逢其时。生猪是重要性仅次于粮食的农产品，一头连着消费者，一头连着养殖户。生产者和消费者都希望猪价稳定，但市场经济就是要靠价格变化来配置资源。此前，生猪产业受到罕见的外部冲击、靠市场力量不能自发恢复至供求平衡状态时，政府有必要加强服务引导。这体现了在面对非洲猪瘟疫情叠加很多地方的不当限养禁养等因素时，多部门打出政策组合拳助力养猪业的必要性。在用地、环保、财政、金融、保险等全方位发力下，生猪产业从产能到价格目前已完全步入正轨。

猪肉属于鲜活农产品，有生产周期长、保存期短等特性，生产主体又难免信息不对称或反应滞后，因此不能指望价格静如止水。事实上，猪肉的主要生产和消费国，都存在一定的价格波动情况。但是，我国的猪肉价格波动尤其剧烈，幅度在全球也较为少见。原因就在于产业素质还不够高。要更清晰地应对生猪产业存在的问题，不仅要关注一时的价格涨跌，更要瞄准高质量发展，努力提升产业素质，才能从根本上减少大起大落。

分析起来，生猪产业的深层次问题有三个。一是规模化水平低。全国散户数量占养猪主体的 99% 以上，其出栏的肥猪约占全国的一半，导致供求衔接不够好，一有风吹草动容易“一哄而起、一哄而散”。二是标准化水平低。受制于育种水平、设施水平，在饲料转化率、母猪产仔数等关键生产指标上，与养猪发达国家有 10%~30% 的差距。三是产业化程度低。养殖、屠宰、加工、运销脱节，产业链一体化发展缓慢，缺乏利益共享共生机制，尤其是养殖环节承受了较大的风险。

要稳定长效性支持政策。当前，养殖成本持续攀升，疫病防控压力仍存。一些养殖场户反映，2019 年以来出台的用地、环保等政策有收紧趋势，一些地方在政策上有“急转弯”倾向。作为高度市场化的产业，生猪养殖并非一直高收益，更多是微利和亏损。因此，要稳定长效性支持政策，给养猪场户明确的政策预期和市场信心，避免“一哄而起、一哄而散”。

要提高养殖业的集约化程度。针对良种问题，要加快生猪品种改良，提高生产性能。针对饲料转化率不足，要开展玉米豆粕减量替代，促进节本增效。针对机械化率不足，要改善养殖设施，提升智能化水平。近期四川开展优势特色生猪产业开发示范，涉及内江猪、成华猪、雅南猪等。因此，要发力本土生猪品种开发，以特色、风味取胜，寻求差异化。

放眼长远，保障14亿多人的猪肉需求，并非易事。全球猪肉的可贸易量不足我国正常年份产量的20%，依靠进口无法解决吃肉问题。生猪产业发展的目标是立足国内持续提升行业素质，确保猪肉自给率保持在95%，既让吃肉有保障，又让养猪得实惠。

（刊发于2022年6月14日时评版）

稳农业需扩大有效投资

日前，财政部、农业农村部发布2022年重点强农惠农政策，以9方面34条措施为农业农村带来财政的阳光雨露。农业农村部专门印发文件，以5方面17条措施扩大农业农村有效投资。一时间，乡村投资更被人关注。

投资是农业经济发展的一大指标。2015年以来，第一产业固定资产投资增速呈逐年下滑态势。2019年，增速出现连续8个月的负增长，全年增速只有0.6%，明显低于二、三产业。2020年，同比增长19.5%，是近些年增速最快的一年。2021年，同比增长9.1%，增速依然较快。2022年以来，外部风险挑战增多，经济发展环境的复杂性上升，第一产业固定资产投资增速有所下降。

现阶段，我国农业农村发展存在一些明显的短板。这主要体现在：农业的耕地、种子、农机三大基础支撑不牢固，农产品生产效率和加工转化率不高，农村基础设施建设薄弱。作为稳投资的重要内容，扩大农业农村有效投资，既能补齐短板，确保粮食安全和菜篮子供给，也是推动乡村改革和建设，全面推进乡村振兴的关键举措。

其实，农业农村投资自身也有弱项，从民间投资上可见一斑。民间投资占全社会投资一半以上，占第一产业固定资产投资比例较大，既是全社会投资的中坚力量，更是农业农村投资的主力。前几年，受多种因素影响，一些地方民间资本投资第一产业的信心有所下滑。具体来说，部分要素不能在城乡间充分流动，农地的部分权能难以有效实现，导致一些社会力量瞻前顾后；农村基础设施和公共服务供给不足，人才短缺，导致一些工商资本望而却步；农村金融市场滞后，贷款难、融资贵，导致一些主体有心无力。

可见，稳经济必须稳农业，稳农业必须先稳投资。扩大农业农村有效投资，要坚定信心、把握重点、避免误区。

一要保持信心。越是面对挑战，农业越显重要。随着乡村振兴战略的深入推进，农业农村的投资价值日益彰显。以 2020 年为例，受年初的新冠疫情冲击，第一产业固定资产投资增速降幅扩大。不过，从二季度开始，下滑趋势得到扭转，最终成为投资增速最快的一年。其中一个原因在于尽管财政趋紧，但农业农村优先发展的原则没变，中央财政对农林水的支出稳定增长，中央预算内投资对农业的支持力度一直在增加。这启示我们，要坚定信心，迎难而上，用足用好财政支农投入、地方政府债券、土地出让收益等资金，今年全年依然能取得很好的成绩。

二要把握重点。资金是乡村振兴的源头活水，涉及包括财政、金融保险机构、社会资本等在内的多元投资主体，即财政支农、金融助农、保险护农和资本强农。关键的一条，是加大政策支持，用市场办法、改革举措激发民间投资活力。应启动既能补短板调结构，又能带消费扩就业的一举多得的项目。比如，仓储冷链和物流设施建设，既有利于生产又有利于生活，兼顾了乡村产业和乡村建设。对这样的领域，财政有动力，资本有积极性，不妨优先安排，可采用先建后补或政府与社会资本合作等模式。

三要摒弃一些误区。以往很多地方招商引资主要盯着工商业领域，农业因体量小、税收少或没有，未受到应有的重视。要改变思路，农业龙头企业、农业产业园区、农业产业集群也要引强建好。同时，也不能只盯着大资本大企业大项目，还要为数量众多的中小资本和新型农业主体做好公共服务。近年来，一些工商业者完成资本积累后返乡投资，一些外出农民工有了积蓄后返乡创业，这些力量都可聚而用之。

凡益之道，与时偕行。在今后相当长的一段历史时期内，我国农业依然以小农户为主，要以资本为纽带，不断向小农户输送技术、管理、服务，最终提升农业整体发展水平。

（刊发于2022年6月21日时评版）

持之以恒增加油料产能

眼下，夏粮小麦收获基本结束，夏收油菜籽也已完成收获。日前召开的国务院常务会议指出，今年油菜籽产量明显增加。农业农村部农情调度显示，今年夏收油菜籽面积有望自 2015 年以来再次突破 1 亿亩，主产区单产有望创历史新高。油菜籽增产，不仅增加了年度菜籽油产量，也让人思考今后油料产能如何提升。

去年以来，国际食用油价格持续上涨，给很多国家造成困扰。2021 年，我国食用油价格上涨 6.9%，远低于全球食用油 65.8% 的涨幅。进入 2022 年，国内价格涨幅依然有限。今年，中央财政安排 30 多亿元支持油菜生产，调动了农民种油菜的积极性。菜籽油产量占国产食用植物油的 40% 以上，主要由夏收油菜籽加工而来。油菜籽丰收，为提升全年油料产量打下了基础。整体看，国际食用油短缺并没有对我国产生严重影响，国内货源供应有保障。

我国油料种植面积仅次于水稻、小麦、玉米三大主粮，近年来其进口量在大宗农产品中最大。一方面，产能增长缓慢，受产业政策、比较效益和农业结构调整影响，油料种植面积远不如粮食稳定；另一方面，消费持续高位，14 亿多人每天一张嘴，就要消耗 9.8 万吨油。由于饮食习惯的原因，我国人均食用油消费量大幅高于世界平均水平。这导致油料产需缺口较大，自给率仅三成。正基于此，今年的中央一号文件提出大力实施大豆和油料产能提升工程。

在我国，油料作物包括大豆、油菜籽、花生等大宗油料，向日葵、胡麻、芝麻等特色油料，油茶等木本油料，油莎豆等新型油料。长期以来，我国提高油料产能面临面积有限和积极性低的痛点，在加工和贸易环节还面临国际粮商的竞争。近年来，油料屡次出现在中央文件中，连续释放的政策信号提升了其战略地位。鉴于我国大豆自给率仅为15%，以及日益增长的多元化需求，确保食用油安全不能指望“单打一”，要多“油”并举、多措并施，让“油瓶子”尽可能多装中国油。

应对播种面积有限的痛点，要发展不与粮争地的油料品种。最快速最有效提高自给率的方法是增加种植面积。但是，说起来容易做起来难。我国耕地很有限，大豆、花生又有与粮争地的问题，按照农产品保障的优先序，要优先保障主粮。好在油菜在大宗油料中与粮争地最少，特色油料和木本油料则不与粮争地。我国盐碱地分布广，多数油料耐盐碱，向日葵和芝麻更是能耐中度、重度盐碱。以前重视不够，很多好品种没能开发，一旦投入人力物力攻关，利用盐碱地扩种油料的潜力很大。此外，长江流域有大量冬闲田，收获水稻后，多种一季油菜，也是个好办法。不过，由于农时紧和费人工，很多也没能利用。下一步，要提高油菜生产的机械化水平，让愿景变为现实。

应对种植积极性低的痛点，要千方百计提高产业效益。农民种多少主要看效益。以油菜来说，2015年国家取消油菜籽临时收储政策，同时受进口油菜籽的低价冲击，农民种植意愿急速下降。以主产区湖北荆门为例，油菜籽面积从2015年的197万亩锐减到2018年的143万亩。好消息是，今年已增至205万亩，原因就在于当地聚焦优质品种，实现了高油酸油菜籽产业化开发，每斤收购价比普通油菜籽高近 1 元。油菜还有花用、菜用等价值，发展“油菜花经济”，会让油菜种植与乡村旅游相得益彰。以此来看，对多数油料来说，不能只盯着大路品种和传统模式，而要延伸产业链、提高附加值，这样整体收益高，也不耽误榨油。

在全球化背景下，合理利用国际市场是扩大油料供应的途径之一。但是，对于 14 亿多人的大国来说，自身得有相当的产能，才能在关键时候不受制于人。总体看，提升油料产能并非一日之功，针对产业痛点，要付出持续多年的努力，还要有创新的思路。

（刊发于 2022 年 6 月 28 日时评版）

培育水产养殖新潜能

夏日炎炎，小龙虾成网红。中国水产学会等近日发布的《中国小龙虾产业发展报告（2022）》显示，2021年小龙虾产业总产值4222亿元，增长二成以上。小龙虾已跻身第六大淡水养殖品种，仅次于传统五大鱼类。联合国粮农组织日前发布的《2022年世界渔业和水产养殖状况》称，随着水产养殖显著增长，全球渔业产量创历史新高，水产品对保障21世纪粮食安全作出日益重要的贡献。

从全球来看，水产品对粮食安全的贡献日益增大。自1961年以来，全球水产品消费量以年均3%的速度增长，几乎是世界人口增速的两倍。过去两年，水产养殖业增速高于捕捞业，预计未来将进一步增长。不过，粮农组织报告也显示，海洋渔业资源的可持续性令人忧虑，2019年可持续捕捞种群的比例下降至64.6%。随着产业不断扩大，需要建设更可持续的全球渔业。

从中国来看，水产品在大食物结构中占有重要地位。水产品是重要的菜篮子产品，是优质动物蛋白的来源。人类对水产品的获取自古以捕捞为主，但过度捕捞不可持续。我国是世界首个养殖量超过捕捞量的渔业大国。1978年是二分养殖八分捕捞，现在则是八分养殖二分捕捞。很多过去人们印象中的名贵水产，在人工养殖之后，迅速进入寻常百姓家。

在大农业中，渔业有其特殊性。水产品是我国农产品最早市场化的两大领域之一，也是四大传统出口优势农产品之一。渔业的特点是不与农作物争地，而是向江河湖海要食物。饲料是养殖业成本的大头，近年来全球范围饲料短缺，我国饲料价格高企。从饲料转化率来看，相比畜禽养殖，水产养殖用同样饲料可获得最多的蛋白，减少了对饲料粮的争夺。勤劳智慧的中国人以领跑全球的水产养殖技术，将一片片蓝色区域，变成一个个“蓝色粮仓”。

然而，渔业面临的挑战也前所未有。一方面是资源约束问题。种粮要有耕地，养鱼要有水面。由于城镇化、工业化快速推进，沿海、沿江、沿湖、城郊的优良养殖水域和滩涂大量被占用，加之部分区域水质受到一定污染，渔业养殖空间压力巨大。目前，不少地区仍依赖扩大水面规模实现产量增长，这意味着空间余地也有限。另一方面是产业结构问题。我国渔业是橄榄型，“中间大、两头小”，养殖规模大，前后端的饲料、加工、流通业滞后。以淡水鱼为例，其运输以活鱼为主，冷链比例很低。流通成本占销售成本的60%，直接影响效益。加之，产业各环节利益联结机制不健全。这样，饲料价格攀升、加工不适应市场等带来的问题就会传导至养殖环节，供求问题随之产生。

积极稳妥推进渔业发展，持续培育拓展水产养殖新潜能，关键要靠“绿色转型”，焦点在于有效解决空间和效益问题。

首先是空间问题。类似种粮要破解“谁来种地”“怎样种地”，水产养殖要破解“哪里养鱼”“怎样养鱼”。要保住基本盘，参考耕地保护制度、划定重点养殖水域范围并重点保护，参考高标准农田建设、布局一批高标准池塘。要创新业态模式，发展稻渔综合种养、深远海养殖、大水面生态渔业等新业态，摆脱传统水域束缚。要发展设施渔业，加快池塘标准化改造，推广工厂化循环水养殖和大型智能养殖，提高集约化水平。

更重要的是效益问题。要向管理要效益。培育新型水产养殖主体，创新渔业经营方式，提升水产品初加工和冷藏保鲜能力。要向生态要效益。鼓励在湖泊水库发展不投饵滤食性、草食性鱼类等增殖渔业，实现以渔净水、水清渔优。要向产品要效益。近年来，传统鱼类和新式水产消费两旺，要顺应消费趋势，形成大众的更大众、小众的更小众局面，使水产供给更加丰富。

（刊发于 2022 年 7 月 5 日时评版）

农业为什么受创投热捧

眼下，各地乡村振兴投资基金成立如火如荼。今年 5 月份，四川省乡村振兴投资引导基金完成工商注册，计划总规模 100 亿元，重点投资粮、油、猪等产业。6 月份，天津市乡村振兴基金正式启动，重点支持农业科技创新、前沿科技应用与产业化提升项目。7 月份，甘肃省乡村振兴投资基金举行投资签约，首期目标规模超 30 亿元，重点支持现代种养业、农产品加工流通业等。

投资活跃是一个行业繁荣的重要表现，从互联网到新消费概莫能外。近年来，农业领域也成了创投圈追捧的香饽饽，吸引了越来越多的投资基金。从西南到华北，从长三角到珠三角，各地纷纷探索成立乡村振兴基金。去年 4 月份，全国首只由银行参与并实现项目投放的省级乡村振兴基金在广东落地。去年 9 月份，全国首个村级乡村振兴基金落户安徽凤阳小岗村。今年以来，省级投资引导基金更是火热登场，乡村振兴基金设立规模呈上升趋势。

乡村振兴基金顺应了农业农村大势。2021 年的中央一号文件提出，支持以市场化方式设立乡村振兴基金，撬动金融资本、社会力量参与，重点支持乡村产业发展。两部门印发的《社会资本投资农业农村指引（2022 年）》提出，探索设立乡村振兴投资基金，鼓励有实力的社会资本结合地方农业产业发展和投资情况规范有序设立产业投资基金。这让人们意识到，农业是永远的朝阳产业。无论时代如何变化，人们对农产品的消费需求始终存在且不断升级，投资乡村大有可为。

乡村振兴基金是新生事物，要鼓励和扶持。不过，也要正视其存在的问题。一是地域发展尚不均衡，首期发行大多以政府投资为主；二是在规范运作、防范风险方面还不够，仅有少数地区出台了具体管理办法；三是一些龙头企业参与积极性高，但其发行数量少、规模小。我们欣喜于更多基金聚焦乡村，乐见其规模日益庞大，同时，还要关注其究竟撬动了多少社会资本，引导了多少投资走进田间，为农业带来了哪些改变。

农业是个好赛道，可是投资农业并不易。过去很长一段时间里，农业不如其他产业受资本待见，资本折戟农业的也不在少数。农业项目自然风险和市场风险并存，普遍存在投资收益低、资金回收慢的情况，导致一些基金后续募资不及预期，部分项目难落地。目前很多基金的目标年限一般为 5 年，而农业项目从谋划到盈利常常超出 5 年，不仅影响基金进入的决心，也给基金退出带来压力。

农业赛道是长期的，但资本天然追求效益，其耐心不一定是长期的。这不仅意味着，政策层面要持续稳定支持，从而稳定社会资本投入预期；也对投资基金运作提出了更高要求，要高效整合财政、金融和社会资本的力量。乡村振兴基金是财政支农和农村金融的创新，不是传统的奖补项目，要更重视市场化的投资模式和产业属性的投资导向，不心浮气躁，不盲目扩张，才能投得好。

从投资模式上看，可探索投贷并行、母子基金等。在投贷并行方面，对符合条件的被投企业，在投资的同时，联合其他机构提供农业信贷担保，投资与贷款联动；在母子基金方面，设立母基金和子基金，子基金可以全部出自母基金，也可以多元化，比如省市县联合、财政国企民企联手。其共同点是改变过去先设基金后找项目的做法，既避免资金闲置，也解决项目痛点。

从投资导向来看，应重点投资关乎农业农村发展的重要产业，尤其是产业链条长、农民参与度高、农村受益面广的产业。国家之所以支持设立乡村振兴基金，就在于其能更好培育优质乡村产业，服务乡村振兴战略。这要求基金在保证自身有一定收益的同时，进一步增强产业属性和孵化功能，在农业所缺和资本所长之间找到平衡。

（刊发于 2022 年 7 月 12 日时评版）

挂绿荔枝热卖有何启示

眼下正是荔枝上市时。最近，按颗卖的挂绿荔枝被广泛报道，在个别商场甚至卖到了千元一斤，上架两天就卖空。从挂绿荔枝热卖的现象中，可以获得发展品牌农业的一些启示，也让人思考农产品如何实现优质优价。

挂绿荔枝产自广东增城，因外壳绿线环绕而得名。2020年，增城荔枝栽培系统入选第五批中国重要农业文化遗产。增城有挂绿后代4000余株，皆由颇具历史的母树嫁接而来。一般来说，挂绿嫁接的代数越多，价格就越便宜，市面上的多为3代至4代。很多消费者感到今年荔枝比去年贵，是因为今年是荔枝小年，产量减少，价格上涨。当然，挂绿荔枝的价格普遍更贵，主要还是“物以稀为贵”，种植难度大，市面售卖少。

千元一斤的荔枝是市场行为，究竟值不值得买，取决于消费者意愿。要指出的是，如今，我国荔枝品种极为丰富，早中晚熟品种日益多元，粤桂琼不同产区各有风味，很多味道都不错，消费者可以充分选择，理性消费。其实，四川省合江县有一种荔枝，2008年时也曾卖出千元以上的价格，但如今已飞入寻常百姓家，价格每斤30元。原因就在于品种普及、技术进步，种植越来越广，产量越来越高。

按颗卖的荔枝价更高，这启示农业从业者，要利用品牌农业的力量，打造可辨识、难复制的特色农产品。我国很多优秀农产品养在深闺人未识，不少地方有好东西却难卖出好价钱。原因就在于，农业品牌总体多而不精、大而不强，品牌号召力有待提升。近年来，不少地方倾力培育区域公用品牌和特色农产品品牌，一些优秀者脱颖而出，品牌溢价效应明显。这启示各地，要顺应消费趋势，发力品牌强农，选好细分方向，提高产品档次，解决标准化程度低、营销方式落后等问题。

随着人们收入水平的提高，特色化、差异化农产品消费需求快速增长。部分消费者不再热衷排浪式消费，开始追求新奇特，有猎奇心理，有尝鲜意愿，并愿意为此花钱。新奇特通常也意味着高价。网友们有句话叫“一分钱一分货，一毛钱两分货，一块钱三分货”。从某种角度上看，这一说法不无道理。总体上，价格与品质正相关，但并不是简单的加法，很多时候具备乘法效应。不少情况下，农产品品质仅翻一倍，价格却可能涨十倍。何况，百人百味，农产品品质判定也并非一律。

不久前，农业农村部启动农业品牌精品培育计划，意在加快实施品牌强农战略。要看到，打造农业品牌精品的过程，也是获得广大消费者认可的过程。消费者讲究物有所值，精品终究要靠硬实力来说话，得让消费者有获得感。同时，好价格带来高收益，也不能只被流通端的经销商享受，要让广大农民也能分享。如何让产业发展的增值收益更多惠及生产端，仍是我国农业发展亟须解决的问题，也是全面推动乡村振兴的要求。为此，要健全农业利益联结机制，利用互联网手段，帮助农民提高品牌运用和营销拓展能力。

其实，能卖出超同类十倍以上价格的农产品毕竟只是极少数，产品数量和消费人群也都是少数。从产业发展的角度看，14 亿多人口的大国，农产品必然是百花齐放，各价位各层次的品类都要有而且也都会有。可以说，当前我国农业发展的一个重要任务，仍是面向广大消费者提供价格合理、营养安全的优质农产品。这里的优质，是指营养价值与食品安全层面的品质，并不等同于价格的绝对高端化。

值得注意的是，随着市场变化，今日的新奇特也可能变成明天的大路货。这就对种植规模和市场前景的合理预判提出了要求，需要农户和农产品经营者不断探索新蓝海，不盲目跟风，从拼价格到比品质，从靠资源到重内涵，让质量更切合消费需要，不断增强适应市场的灵活性。

（刊发于 2022 年 7 月 19 日时评版）

谨防“大棚房”死灰复燃

近日，农业农村部、自然资源部通报了6起“大棚房”问题典型案例，涉及的违法违规主体已被严肃追责。日前，四川省印发《关于全面推行田长制的意见》，提出到今年年底，初步建立五级田长制责任体系。这两条新闻共同彰显了保护耕地的坚定决心。在城镇化大潮中，农民可以非农化，但耕地不能非农化，因此有必要再次重申：农田必须姓“农”。

“大棚房”问题是指以建农业大棚之名，占用耕地建设“私家庄园”、休闲度假设施、商品住宅等非农设施的违法违规行为。其表现有多种，有的在耕地上直接违法建设“私家庄园”；有的在大棚内布置大量商业或生活设施；有的违规改扩建大棚看护房、面积超标等。此前暴露出的某些“大棚房”着实让人惊讶：小桥流水俱全，卧室厨房卫生间齐备，能种菜的地方只是点缀，反而是餐饮、娱乐、居住等设施占大头，还对外出租出售。

由此来看，“大棚房”的本质是改变土地性质和用途，改变农业生产功能，触碰耕地保护红线。简言之，“大棚房”就是农地非农化。农田就是农田，大棚就是大棚，用心耕作才是正道。“大棚房”假借农业的名义干着非农的事，既损害耕地资源，又影响粮食安全，必须坚决遏制整治。

按照党中央、国务院部署，2018 年以来，农业农村部、自然资源部等开展了“大棚房”问题专项清理整治行动与“回头看”，全面清理排查，严格整治整改，取得了积极成效。然而，“大棚房”问题并未禁绝。分析本次通报的 6 起案例，有 3 例发生在或持续至去年。这提醒我们，对非法侵占耕地要时刻保持警惕，守住耕地红线容不得半点马虎。对新发现的“大棚房”问题，要坚决做到“零容忍”。针对不同表现形态的“大棚房”，具体应对手段会有所不同，但目的都是让被占耕地恢复农业生产功能。

“大棚房”整治不意味着农地政策的改变，发展设施农业、合法耕作大棚一直是政策鼓励的。无论是政策上还是实践中，整治“大棚房”与发展乡村新产业新业态并不矛盾。在乡村，不同的产业要用不同的土地来承载，耕地、宅基地、集体经营性建设用地等并行不悖，共同维护着乡村的生产生活生态功能。比如，发展乡村民宿要靠盘活闲置的农村宅基地和农房，而不能占用本应种庄稼的农业用地。再如，落实设施农业用地备案和台账动态管理制度，设施农业就没有用地之忧。

要优先划定耕地保护红线。眼下，“三区三线”划定工作正在全国推开。我国国土空间有农业空间、生态空间、城镇空间三种类型，分别有三条控制线与之对应。过去，有人认为生态保护红线应优先划定。今年的中央一号文件明确指出，“按照耕地和永久基本农田、生态保护红线、城镇开发边界的顺序，统筹划定落实三条控制线”。这意味着要把耕地保护红线放在首要和优先位置，坚持现状耕地应划尽划。要合理划定城镇开发边界，科学确定城镇建设用地总量。这样，才能从根本上防止城镇无序扩张对耕地的侵蚀。

要规范工商资本等用地行为。本次通报的案例里，“大棚房”多由公司开发。在土地流转中，少数工商资本在利益的诱惑下，打起了非法占用耕地的主意。针对此，要落实工商资本流转农村土地风险防范制度，加强对其利用耕地的规范管理。眼下，很多地方在推进田长制，应利用卫星遥感、无人机等手段，建立“电子保护桩”，第一时间捕捉耕地上的动工情况，构筑起卫星遥感天上看、视频监控实时探、田长地头实地查的“空天地一体化”监管网络。

仓颉造字颇具深意，有“田”为基才为“富”。对耕地的态度大抵可以看出一个民族的特质，也昭示着一个国家饭碗的成色。对我国来说，守好 18 亿亩耕地红线，是个永恒的课题，不能有丝毫松懈。

（刊发于 2022 年 7 月 26 日时评版）

黑土地保护要突出用养结合

8 月 1 日，《中华人民共和国黑土地保护法》正式实施，这是我国首次、全球唯一在国家层面专门针对黑土地实施的立法保护。这部法律吹响了黑土地保护的法治号角，在我国耕地保护史上具有里程碑意义，对确保国家粮食安全和生态安全具有重要贡献，也启示我们思考应如何更好保护耕地。

世界有四大黑土区，占陆地面积不到 7%，都是大粮仓。在四大黑土区中，我国东北黑土区开垦最晚，但肩负的责任最重。东北黑土区耕地面积约 2.78 亿亩，粮食产量占全国的 1/4，调出量占全国的 1/3，是最大的商品粮基地。虽然一年只能种一季，但肥沃的黑土地改变了延续千年的粮食生产流通格局。其开垦使得北方在粮食格局中的地位稳定超过南方，全国从南粮北运变为北粮南运。

黑土地分布在东北，却养活了每一个中国人。但是，黑土地境况也颇令人揪心。由于长年高强度开发利用，加之风蚀水蚀、人为破坏等，黑土不断变瘦、变薄、变硬，肥力在下降，对粮食安全构成威胁。科学研究表明，形成 1 厘米黑土层需要几百年，东北黑土层整体形成经历了上万年，尽管大规模开发利用只有 200 年，但其近年来却以年均几毫米到 1 厘米左右的速度减少。可以说，保护黑土地迫在眉睫。

近年来，中央有两次用大熊猫来比喻耕地保护。一是“像保护大熊猫一样保护耕地”，指耕地整体如大熊猫一样宝贵；二是“保护好耕地中的大熊猫”，专指黑土地尤其珍贵。从另一个角度看，前者侧重说的是数量，针对的是人多地少的国情；后者侧重说的是质量，针对的是黑土地质量退化问题。当然，数量保护和质量保护是有机统一的，都是“藏粮于地”战略的具体要求，也是农业绿色发展的重要内容。由此来看，黑土地保护事关国家粮食安全和生态安全这两个“国之大者”。

黑土退化并不是中国独有现象。20 世纪二三十年代，美国和乌克兰由于开垦过度，就曾遭遇大量黑土流失。但我国是唯一在国家层面对黑土地进行专门立法保护的国家。这部法律制定过程也很有特点，显示了把黑土地保护上升为国家意志的坚定决心。在全国人大代表提出议案后，当年启动立法，当年完成起草，当年提请审议，此后在 7 个月内完成 3 次审议并获得通过，这是很少见的。该法不分章节，只有 38 条，但并不影响其严谨性，特别是对禁止盗挖、滥挖和非法买卖黑土做出明确规定，会极大威慑明目张胆破坏黑土地的行为。

所有涉及农业自然资源的法律，处理好保护与利用的关系、统筹公益性和经济性的关系都是立法的重点，也是执行的难点，黑土地保护也如此。耕地质量是诸多因素作用的结果，质量下降容易，但再起来则很难，治理效果短期也不易显现。以往由于不容易出政绩，不少地方政府的投入普遍不足；由于增产的粮食对应增加的收入有限，很多小农户也缺乏积极性；由于缺乏刚性约束，一些市场主体流转耕地，不想提升地力，只想最大化产出，甚至是掠夺式使用。因此，很有必要在突出保护的基础上引导对黑土地的科学合理利用。

这部法律启示我们，要完善激励型政策工具，强调用养结合、效果导向。我国已形成耕地保护的管控型和激励型工具箱。比较而言，管控型工具箱火力越来越猛，激励型工具箱则是明显短板。与数量问题不同，耕地质量问题具有隐蔽性，更要找对方法。用养结合，就是既用地也养地，既利用也保护，通过循环农业的办法解决耕地质量问题。效果导向，就是以产能是否提高作为评判标准。在此基础上，既要用好财政地力补贴，也要探索耕地地力保险，夯实政府责任和用好市场手段，让保护耕地者得实惠。总之，建立政府主导、农民主体、多元参与的保护格局，才能让宝贵的黑土地成为全国的铁饭碗。

（刊发于 2022 年 8 月 2 日时评版）

种子专业何以成热门

近日，随着高校公布录取分数线，种子科学与工程、生物育种等一度“小众”的专业热了起来。农业农村部日前公布国家种业阵型企业名单，从全国 3 万余家种业企业中遴选了 69 家农作物、86 家畜禽、121 家水产种业企业，打造种业振兴骨干力量。把这两条新闻联系起来，可以感受到种业振兴的时代脚步。

据报道，很多有志于农的高考生选择了种子专业。过去，农学专业的不少招生计划要靠调剂才能完成。现在，不少考生主动选择种子专业，被第一志愿录取。2021 年，中国农业大学“强基计划”第一年招生，就把种子科学与工程专业纳入其中，当年全校最高分的考生就选择了这一专业。2022 年，该校在全国范围内首次设立生物育种科学本科专业，其中，植物育种与动物育种两个方向，纳入“强基计划”招生。今年，多所农业院校的种子专业深受考生欢迎。

种子专业成热门与种业振兴成热词密不可分。2021 年 7 月，中央深改委审议通过《种业振兴行动方案》。一年来，种业振兴行动从种质资源、创新攻关、企业扶优、基地建设、市场净化五方面推进，取得了初步成果。从种业发展要求来看，不管是解决保基本的粮食供给“够不够”问题，还是保多样保质量的“优不优”问题，尤其是抢占农业科技制高点的“有没有”问题，都得依靠种业人才。

而种业教育正是种业人才成长的必要途径。这意味着在种业教育领域要提前布局，培育和储备人才。

当前，全球种业竞争日益激烈，直接表现是育种技术的竞争，其实很大程度也是种业人才的较量。中央强调，“把种源安全提升到关系国家安全的战略高度，集中力量破难题、补短板、强优势、控风险”。所谓控风险，既要防控育种原创技术的卡脖子风险，也要防控育种人才的卡脖子风险。前者在于，种业强国已进入“常规育种 + 生物技术 + 信息技术 + 人工智能”的育种 4.0 时代，而我国处在育种 2.0 时代。后者在于，一些发达国家的种业总部都有数千名科研人员，而我国种企缺乏生物育种和常规育种结合的复合型人才。

种业是农业科技皇冠上的明珠。我国种业科研人员数量居世界第一，但在结构和质量上还有较大不足，一些领域和环节存在人才断层。其实，种业人才队伍也是梯队建设，不同人才都有不可替代的价值。种业振兴，既要有种业战略科学家，也要有种业科技领军人才，还要有大量的青年科技人才和种业工程师。我国现代种业起步晚，八成的种业人才集中在高校和科研院所。作为创新主体的种业企业，其人才引进和培养成本较高，不仅外聘人才发挥作用不够，而且存在自身人才流失。

近年来，投身种业的年轻人越来越多，折射出以企业为主体的现代种业体系正逐步建立。过去，不少种业人才是半路出家，有的是学植保出身，有的是搞栽培转行，育种大多是课题组式，成果转化不够，市场导向不足。如今，现代商业化育种体系呈高度分工的专业化趋势，各类育种人才就如螺丝钉一样运转，尤其需要大量的青年科技人才和种业工程师。随着种业企业扶优行动实施，多省份出台种业人才补贴政策，为种业人才向种企流动和集聚提供了条件。

培养种业人才，要确保人尽其才，让有志于种业者能持续学种务种。一个新品种从选种到试验再到推广，大多要十年。而一个种业人才从入门到学会再到精通，大概率不止十年。加快培养种业人才，既要有真金白银的硬措施，也要有安心舒心的软环境，应充分激发种企对人才的吸引力。放眼今后，要建立健全现代种业体系，以企业为主要载体，以高校院所为重要一环，实现人才、资金、技术多要素融合，让种业人才发挥最大效能。

（刊发于 2022 年 8 月 9 日时评版）

时刻绷紧农业防灾减灾这根弦

当前正值农业产量形成的关键期，也是气象灾害频发期。7月以来，南方大部分地区持续高温、降水偏少。农业农村部近日发布信息，紧急下发通知要求把防范高温干旱保秋粮丰收作为当前“三农”工作的首要任务，同时派出工作组赴重点地区指导。这启示我们，要把农业防灾减灾这根弦绷得紧而又紧，建立适应气候变化的农业生产保障体系。

从历史维度看，气象灾害是造成农业减产的重要因素。我国常年农作物受灾面积约0.24亿公顷。改革开放以来，有12个年份出现粮食减产，其中7次主要由旱涝灾害引起。随着耕地数量刚性下降，播种面积增加难度越来越大，单产提高也不是一蹴而就的。而气象灾害来得快、影响大，如果没有充分准备，一旦发生流域性的洪灾、大范围的干旱，会对农业生产造成严重影响。必须树立防灾就是增产的理念，把防灾减损、抗灾增产摆在更重要位置。

从设施条件看，农业防灾减灾短板还比较突出。近年来，农业防灾减灾体系建设取得了明显进展。相对而言，病虫害防控比较成熟，自然灾害应对则存在明显短板。全国有效灌溉面积约占耕地面积的54%，不少地方还是靠天吃饭。一些地方专业化防灾减灾力量不足，导致一旦发生气象灾害，应急抢险的农机队伍和救灾种子难以快速调度。近些年，全国没有发生大范围的严重干旱，很多地方放松了警惕，一些抗旱机井被废弃，有的坑塘库坝年久失修。

随着全球气候变化，极端气象灾害事件增多，对我国农业的挑战也越来越大。在这种情况下，一些短板更凸显，以应对洪涝为例，南方农田设施重灌溉轻排水，北方排涝设施差距则更大。2018 年山东寿光遭遇洪灾，不少蔬菜大棚受损严重；2019 年东北地区秋收前发生强降雨影响作物品质；2020 年湖南、江西严重洪涝致早稻单产减少；2021 年北方 5 省遭遇罕见秋汛致 1.1 亿亩冬小麦晚播。农业防灾减灾，并不能消除自然灾害和气候变化本身，但可以提高应对的韧性和适应性，今后应从三方面发力，努力做到重灾区少减产、轻灾区保稳产、无灾区多增产。

在研判趋势基础上超前谋划。近 10 年，我国农业气候资源在改变，雨带出现明显的北扩。今年印发的《国家适应气候变化战略 2035》，提出“植被带分布北移”，强调“农业种植方式和作物布局改变，气象灾害和病虫害加剧”。近年，我国种植业生产布局呈北移趋势，不仅粮食主产区布局北移，新疆冬小麦、陕西苹果等均出现北移。因此，要开展农业气候资源动态评估和精细区划，趋利避害，发展气候适应型农业类型，调整优化产业结构、种植结构和品种结构。

在因地制宜基础上加大投入。我国幅员辽阔，气候多样，种植制度复杂。农业防灾减灾必须因地制宜，强化服务、设施和保险三方面投入。一是预警，完善农业气象服务体系，把分区域、分作物、分灾种的精细化气象监测预警服务作为公共服务的重要内容。二是建设，对大田作物尤其是粮食来说，要加快建设高标准农田；对经济作物尤其是蔬菜来说，要积极发展设施农业。三是保险，完善农业风险分担机制，对经济作物推广天气指数保险，对粮食作物探索农业巨灾保险机制。

在顺应自然基础上科技抗灾。以往的做法一般是，灾情露头后，落实关键抗灾技术，尽量减少受灾；受灾后，改种补种短生育期作物，尽快恢复生产。今后，这些措施还要继续采用，但也要重视引领性科技的作用。比如，强化创新，实现农业适应气候变化颠覆性技术的突破，在农业主产区建立适应气候变化技术示范基地。比如，发展气候适应型作物、林果应变栽植技术体系，推广节水灌溉、旱作农业、抗旱保墒等适应技术。

（刊发于 2022 年 8 月 16 日时评版）

高楼养猪不能盲目跟风

据报道，湖北鄂州一栋26层高的大楼即将住进数十万头猪，成为中国单体面积最大的楼房猪场。近两年，楼房养猪模式快速发展，多家头部上市生猪企业均已探索布局。

高楼养猪是企业养猪的诸多形式之一，对探索新型养猪模式来说是个有益尝试。2019年，有关部门印发文件提出，“养殖设施允许建设多层建筑”。此后，大型猪企布局高楼养猪的新闻不断，楼层也越盖越高。分析原因，一是能破解用地难题。过去，猪场选址难、用地难，高楼养猪可以极大节约土地，这是最大优势。二是便于集约养殖。高楼养殖天然具有集中效应，利于规模化应用现代技术，极大减少人工。三是防疫和环保考虑。高楼养殖如能守住关口，可减少外部的动物疫病影响。环保政策也迫使猪企寻找更生态的养猪模式，高楼集中养殖成为一个选项。

即使是在丹麦、荷兰等养猪发达国家，高楼养猪也极为罕见。对我国养殖场户来说，一定要因地制宜、量力而行，中小企业尤其对此应有清醒认识，不能盲目跟风。对土地不紧缺的地区、实力不雄厚的企业、抗风险能力不强大的养殖户，高楼养猪并非上策。究其原因，一是巨额的前期投资。高楼建设成本以亿元为单位，还有养殖设施和活体猪只的不菲投入。二是强大的技术实力。相比分散式的规模猪场，高楼养猪对技术和管理的要求高很多，要符合相关规划，解决好粪污和疫病问题。三是较高的市场风险。近年来，饲料价格上涨，养殖成本已经较高，如遭遇猪肉行情下行，风险会凸显。

高楼养猪从侧面反映出我国生猪稳产保供进入了新阶段，头部企业有了敢于投资、敢于重投的底气。2020 年起，连续 3 年的中央一号文件都对生猪生产做出部署。2020 年提出“加快恢复生猪生产”、2021 年提出“保护生猪基础产能”、2022 年提出“稳定基础产能”。日前召开的三季度“三农”重点工作视频调度会强调“稳定和保护生猪产能”。不同表述的背后，是我国生猪产能不断向好和调控手段日益完善，不变的是产业平稳有序发展的目标。目前，生猪产能持续运行在合理区间，既让消费者能吃到价格合理的猪肉，也让养殖场户能安心经营。

任何一种养殖模式都不是万能灵药，模式之间也没有绝对的高下之分。仅以上市生猪企业来说，有的是自有猪场模式，有的是“企业 + 农户”的紧密型联结机制，有的与农户仅有松散型合作关系。现代农业并非规模越大越好，规模提升也不意味着产业素质同等提高。不同模式都有其存在土壤，只要适合该主体发挥生产效率，遵循产业政策，都是好模式。整体看，养猪业过去和将来都是多模式并存的发展格局。不能只看到高楼养猪的好处，而忽视其适应性和风险点。即使是大型头部企业也要有此意识。

要特别强调的是，当下，小规模散养户不仅在主体数量上依然占绝对优势，而且依然是生猪稳产保供乃至现代畜牧业发展的至关重要一环。促进小农户与现代农业有机衔接，这句话不只适用于种植业，同样适用于畜牧业。近年来，中小主体的市场经验、管理水平逐步提升，这与产业发展相辅相成。因此，既要发挥大型养殖企业的优势，也要采取“企业＋农户”、生产托管、租赁养殖、入股加盟等形式，激发中小主体发展活力。

“抓大不放小”，这是生猪生产过去克服超级猪周期影响实现稳产保供的宝贵经验，也是今后健全生猪产业平稳有序发展长效机制的关键。各地应把更多精力和资源放到为产业发展提供公共服务上，从土地、资金、环保等多方面激发市场主体养猪的积极性，形成长效性保障，稳定养猪场户预期，使其愿意稳定投入，专注于改善经营。可以说，稳定和保护生猪产能，引导散养户参与适度规模经营始终是方向。

（刊发于 2022 年 8 月 23 日时评版）

下一个水果顶流在哪里

最近，阳光玫瑰的价格低得让人吃惊，相关话题登上了热搜。曾经每斤200元的“葡萄中的爱马仕”，如今价格跌到10元至15元，成了平价水果。

阳光玫瑰被热捧始于2016年，市场价一度高达每斤200元。那时敢于尝新的种植户不少走上了致富路，人称“五亩阳光玫瑰换一辆大奔”。此后，其在全国开始了快速扩种。几年间，种植区域遍及各地，基本实现不间断供应。如今，尽管其仍是最好卖的葡萄品种之一，但是，一些种植户过于扩展数量而忽视质量，导致品质参差不齐，效益也不如从前。

我国是果业大国，水果面积和产量均为世界第一。在我国种植业中，水果面积和产量常年居第三位，仅次于粮食、蔬菜。改革开放后，水果是最早放开的农产品，市场化程度也最高。相对于其他农产品，国家对水果的政策扶持力度较小，但其产业表现不俗。目前，主要果树优势生产区域基本形成，生产集中度稳步提高。我国水果产量呈波动增加态势，产需大体平衡，能满足国内消费需求。

尽管供给总量充足，但结构不合理，质量待提升。从数量看，柑橘、苹果、葡萄等大宗品类供给较多，大樱桃、百香果、火龙果等特色品类供给较少。从结构看，同类水果集中成熟和上市，同质化问题严重，结构性滞销时有发生。如晚熟品种富士系占苹果的大头，成熟期集中，容易造成卖难。从生产看，果园用工强度大，机械化水平不高，多数基础条件差，抗灾能力较弱。从价格看，主要大宗水果总体平稳，但是受短期供求、天气变化等影响，季节性区域性波动较大。

从自主品种角度看，水果自主知识产权品种占比较低，苹果、葡萄等主栽品种以国外引进品种为主。相对于粮棉油糖等，水果的科研投入不足、产业转化不足。以葡萄为例，市场常见的巨峰和阳光玫瑰都源自日本，分别培育于 1937 年、1988 年。近 10 年来，国内育成葡萄新品种 100 余个，但作为主栽品种大面积推广的不多。好品种培育常常要“十年磨一剑”，回报也往往是“一招吃十年”。虽说品种的交流和借鉴是国际普遍现象，但是，缺乏自主知识产权品种将成为今后产业发展的一大障碍。

中国果业呼唤水果顶流。过去相当长时期内，水果是我国传统的具有出口优势的农产品。近年来，随着出口放缓，进口扩大，水果贸易格局由顺差转为逆差。这丰富了我国居民的果盘子，体现了经济大国的开放型市场特点，但也凸显出我国果业的国际竞争力面临挑战。从国外看，新西兰佳沛的奇异果、美国都乐的香蕉等行销世界。从国内看，不同于粮食、肉类等，水果的价格需求弹性较大，选择空间大，品牌溢价大，对农民增收的贡献也大。怎样在增量的同时提质，如何赢得国内外市场，成为萦绕在中国果业心头的一道题。

中国果业有实力打造自己的顶流。在确保百姓基本水果需求的同时，要从市场化研发、标准化种植、社会化服务三方面发展水果顶流。首先是市场化研发，完善技术体系。科研单位和育种企业要锁定成熟期、含糖量、抗病性等关键指标，培育更多的标志性品种，合理搭配早中晚熟品种。其次是标准化种植，完善生产体系。贵州有位李姓猕猴桃种植户，人称“李八亩”，只因他不贪大，种植面积常年8亩，始终精细化管理，年收入能达到30万元。可见，标准化种植不是规模越大越好，关键要采用现代生产方式，维持果型、大小、口感等的稳定。最后是社会化服务，完善经营体系。如今，很多品种存在早采早摘的情况，极大影响味道和效益。一些果品因运输损耗而不能远销。要完善农业社会化服务体系，面向小农户开展冷链物流、贮藏保鲜、市场营销等服务，延长货架期和销售半径。

总体看，只要坚持高质量发展，打造现代果业的技术体系、生产体系、经营体系，就不愁一个又一个水果顶流出现。

（刊发于2022年8月30日时评版）

把握农业服务贸易新机遇

2022年中国国际服务贸易交易会9月5日落幕，农业服务贸易成为与会农业企业和专业观众关注的焦点。

农业服务贸易是向国（境）外提供或购买农业相关服务的贸易形式，即农业服务业的进出口，被认为是经贸合作新模式、农业升级新路径。从世界范围看，农业强国大多也是农业服务贸易强国。荷兰是世界第二大农业出口国，农产品贸易和农业服务贸易均有优势。其乳业技术和生猪养殖世界领先，温室农业和园艺农业服务成熟，支撑起农业服务贸易强国地位。如今，农业服务贸易已覆盖农业各环节各领域，促进了各国农业产业链升级。用农业服务提升效率、凝聚要素、重构产业、赋能农民，成为国际粮食和农业系统加快转型的共识。

一个国家农业的发展，需要农产品贸易和农业跨境投资稳定增长，也需要农业领域服务贸易大力发展。近年来，我国积极推进农业社会化服务，通过主体培育、模式创新、领域拓展，推动了农业适度规模发展。同时，还与其他国家分享农业服务，出口杂交水稻技术、绿色植保服务等，造福了不少发展中国家。我国杂交水稻技术与服务出口助力数十个国家粮食增产，农业无人机及相关服务贸易每年为全球10亿多亩农田提供各类作业服务，农产品储运加工一条龙服务大大增加了货物贸易效率。

应当看到，我国农业服务贸易发展仍处于起步阶段，潜力有待开发，政策有待完善，尤其是国际竞争力仍显不足。出口市场集中，主要向东南亚、非洲和南美洲等市场提供农业服务，进入欧美市场的少。市场主体实力弱，多数海外农业服务企业集中于某一细分领域，尚未形成全产业链供应能力。服务形式单一，多依托境外农资农机、农技和加工仓储等企业为当地用户提供服务，其他形式的服务贸易少。

放眼国际，农业服务贸易的相当份额被发达国家垄断，成功的跨国农业企业也大多是农业服务贸易的佼佼者。全球农业产业链中的品种选育、农化服务、精深加工、品牌营销等高端服务环节和市场份额多被跨国巨头掌控。以美国的三大粮商为例，其不仅在农产品贸易方面有优势，在农业全产业链服务方面也实力不俗。再如，中国加入世贸组织后，一些跨国农业企业进入中国市场，不仅售卖农资或农机，还提供全程解决方案，成为增加用户黏性的法宝。

中国企业也积极发展农业服务贸易，既服务国内，也走出国门。据农业农村部面向全国征集的农业服务贸易案例显示，主要有农资农机、农业技术、加工仓储、流通营销和信息服务等五种典型模式。比如，江苏沃得农业机械股份有限公司在国外销售的农机，曾因缺少配套服务被迫退出当地市场，在确立了以服务为重心的发展战略后，成功进入印度市场，成为印度排名前三的农机品牌。又如，袁隆平农业高科技股份有限公司派遣技术专家、提供育种技术，在菲律宾推广杂交水稻，带动了当地农户增收，还为其培训了大量专业人才。

我国农业服务贸易面临广阔发展空间。近年来，全球服务业在出口增加值的创造上高于制造业，今后这一趋势将更明显。现代信息技术在农业领域的应用，为农业服务业的可贸易性提供了支撑。作为服务业的重要一环，农业服务贸易规模将继续扩大。今年生效的 RCEP 是全球最大的自由贸易协定，为我国优势农业服务向相关国家出口带来更多便利。新冠疫情发生以来，不少发展中国家更加重视发展农业，对我国农资农技和生产服务等需求增加。

中国是世界第二大服务贸易国，也是世界第二大农产品贸易国，理应在农业服务贸易方面拥有一席之地。要把握农业服务贸易新机遇，引领我国农业企业从单纯的农产品或投入品生产向综合性全链条农业服务体发展，从而更好提升中国农业的实力。

（刊发于 2022 年 9 月 6 日时评版）

投放储备肉传递稳预期信号

近期，有关部门投放今年第一批中央冻猪肉储备，各地也加大了地方猪肉储备投放力度。

中秋国庆期间，猪肉消费进入旺季。鉴于猪肉价格对物价指数和居民生活有重要影响，适时投放冻肉储备，兼有猪肉保供和稳定物价的双重考虑。我国猪肉正常年度消费量为5500万吨左右，单次冻肉储备投放量一般仅数万吨，相较庞大的消费量而言，对市场的直接影响很有限，无法改变供求大局。但是，投放的间接影响不小，主要是释放信号、引导预期，传递出权威部门的调控风向和对未来的判断。本次投放的目的是，引导养殖场户出栏节奏和屠宰加工企业释放库存，既满足居民吃肉需求，也使物价指数保持在合理范围内。

21世纪以来，我国生猪产业经历了5个完整的猪周期。其中，第5个猪周期是史无前例的超级猪周期，诱发因素之多、持续时间之长、波动幅度之大、应对举措之广、恢复速度之快，均为历史罕见。今年二季度，第6轮猪周期开启，截至目前，全国能繁母猪存栏量略高于正常保有量，处于绿色合理区间。这意味着，尽管国庆假期叠加年底备货，四季度需求对猪价支撑作用明显，但是，后期猪肉供应总体有充分保障，价格不太可能连续大幅上涨。

人常说，“猪粮安天下”，但两者又有不同。粮食安全是国家安全的重要基础。“粮食多了问题少、粮食少了问题多”，是业内公认的观点。近年来，国家对粮食产量设定了预期目标，这是一种底线要求，却没有上限要求。生猪则不同，产量既不能过多也不能过少，而是要维持在一定区间，这样才能减少价格剧烈波动，避免“肉贵伤民，猪贱伤农”。在市场作用下，如不想肉价过高，则应在猪价过低时保护养殖场户的积极性，否则此时的波谷意味着彼时的波峰。以往的猪周期经验表明，要发挥好市场机制作用，同时宏观调控也必不可少。

新一轮猪周期以来，人们感受到，猪周期的表现形态不同以往，价格变化频次虽多，但总体幅度在变窄。原因有两方面。一是稳价政策提早介入。经过史无前例的超级猪周期后，有关部门对猪肉价格波动有了更清晰的认识，在应对策略上做了优化，及时发布了预警信息，提早启动收储或投放，避免以往产能波峰或波谷时再介入的时滞。二是市场主体经验更丰富。伴随与产能调整同步的产业转型，一大批规模猪场快速崛起，一大批中小养殖场户改造提升，2021 年生猪规模化养殖水平达 60%，规模主体养殖技术更成熟，应对市场更有定力。

观察新一轮猪周期，可以看出，生猪产能调控的思路日渐清晰。自 2009 年以来我国生猪生产共有 4 次大波动，恰好对应能繁母猪存栏量月度同比变动超过 5% 时的 4 次情况。受此启发，有关部门以“短期调肥猪、中期调仔猪、长期调母猪”为路径，把能繁母猪存栏量作为调控风向标，建立生猪生产逆周期调控机制。具体而言，划定能繁母猪正常保有量为 4100 万头，上下浮动 5%以内，亮绿灯；浮动 5% ~10%，亮黄灯；浮动超出 10%，亮红灯。目前来看，效果不错，总体达到“养猪有钱赚、消费者买得起”的预期。

相对来说，生猪消费端较为稳定，主要波动在生产端。今后应对猪周期，也要聚焦生产端。要像重视粮食生产一样重视生猪生产，防止一些地方在政策上“翻烧饼”，稳定养殖的政策环境和发展预期。要像保护永久基本农田一样保护主产区的生猪基础产能，使之成为生猪供应的“压舱石”。要像紧盯种业一样紧盯能繁母猪数量和质量，使其成为生猪生产的“总开关”。在实践中，不能等到市场上缺猪肉了，才临时抱养殖的“佛脚”；也不能一旦供给充裕，就人为给养猪制造困难，甚至是不合理的限养禁养。唯如此，生猪产业发展才能可持续，居民吃肉才有根本保障。

（刊发于 2022 年 9 月 13 日时评版）

小田变大田要算好农民利益账

据报道，一些地方的农田在悄然变形，“巴掌田”“斗笠田”减少了，成方连片的“大田”增加了。这些地方正在推进的名称不一、主旨为小田变大田的改革，指的就是农田变形。在新时期，农田变形要围绕保护农民利益，让农民说了算，统筹农田建设、土地流转、农业服务，稳妥有序解决耕地细碎化问题。

农田变形的背后，既有农田物质基础的改善，也有农业经营体系的创新。随着青壮年农民进城务工，农业机械化发展，“家家有地，不一定户户种田”成为很多农村的现实。针对此，国家推进农村承包地“三权”分置，放活经营权，鼓励土地有序流转，发展适度规模经营。在实践中，一些地方由于耕地细碎化，推进土地流转存在一定的困难。近年来，这些地方又开展探索，对农田形态进行调整，引入新型经营主体或服务主体。

小田变大田只是表现形式，粮食增产、农民增收才是目的。这些地方之所以推进小田变大田，是因为能实现差田变良田、闲田变忙田，由有意愿有能力的人耕种，提升经营水平和土地产出率。小田变大田只是将原本碎片化的承包地集中连片，不涉及土地承包关系的调整。在实践中，既有土地流转的情况，也有土地不流转的情况，但通常都伴随着土地形态的改变，需要打破田埂界限，对机耕道、灌溉渠等重新布局和大力投入。

总体看，农田变形是解决耕地细碎化问题的一种探索。耕地细碎化即单个农户拥有面积较小且彼此互不相连的多块耕地。国内外研究表明，耕地细碎化对农业生产存在正负双重效应，但细碎化对中国当前农业发展的负面效应远大于正面效应已经成为业内共识。主要弊端是降低了农业生产效率，制约了粮食产量的提高。近年来，国家大力推进高标准农田建设，田成方、渠成网。不少地方以此为契机，开展了小田变大田的探索。

农田变形要把账算好，最重要的是看到耕地背后的农民，算好农民的利益账。对农民来说，耕地既是生产资料，也是生活资料，是安身立命之本。一方面，近年来，农民务工收入超过了务农收入，进城的青壮年农民对土地的眷恋程度在下降；另一方面，对主产区相当数量的农民来说，种地依然是收入的重要来源。整体看，考虑到现实需要和长远保障，农民对耕地依然很在意，土地是他们在城乡间自由进退的心底依靠。这就要求，地方在推动改革时必须充分尊重农民意愿，始终把保障农民利益作为重中之重。

全面实施乡村振兴战略，要如期完成东中西部全域、农牧渔民全员、产业人才文化生态组织全面的振兴，必须用改革法宝清除制约生产力发展的体制机制障碍。同时，深化农村改革一定要放在历史的长河中来审视，不能急于一时，也不能寄于一事，要保持历史耐心，切忌贪大求快。凡是涉及农民基本权益、牵一发而动全身的事情，必须看准了再改。对农村改革整体如此，对农地变形的探索也应如此。

具体来说，不同地区不应也不能“齐步走”，田块也不是越大越好。大国小农始终是我国的基本国情农情。当前，多数地方主要是通过土地流转来实现适度规模经营的，一些地方也探索了“一户一田”“互换并地”等其他形式。我国农村情况较为复杂，不同地方有不同特点，解决耕地细碎化的方法也不应一律。各地要针对当地的经济社会状况、地形地貌特征、农业机械化水平以及农村劳动力转移、新型主体培育情况，在落实“三权”分置、保护农民利益的基础上，尊重农民首创精神，寻找适合自己的答案。

（刊发于 2022 年 9 月 20 日时评版）

以人才振兴引领支撑乡村振兴

教育部日前印发《新农科人才培养引导性专业指南》（以下简称《指南》），为加快培养急需紧缺农林人才，围绕粮食安全、智慧农业、乡村发展等五大领域设置了 12 个新农科人才培养引导性专业。

过去，农业长期被许多人认为是落后产业，农科专业也让许多人敬而远之。不少公众对农科有刻板印象，认为农科无非是教人种地养猪，毕业后社会地位不高、经济收入欠佳，没有学习价值。这导致相当一段时间内很多农村学生报考时不愿意选择农科，不少农科学生毕业后选择了转行。随着大量农村青壮年进城，农业难留人、农村人才少的问题越发突出。

乡村振兴战略实施以来，国家对农业农村的支持力度越来越大，农业的产业地位和行业价值不断显现。近年来，农业农村不仅是重要的科研教学领域，也是重要的创业创新领域。新农业早已超出传统的种粮种菜养猪养鸡范畴，新农科则包括各种交叉学科和诸多新兴专业。在这个背景下，农科专业越来越吃香，很多新专业毕业生被争抢，不少老专业焕发新活力。以兽医系为例，过去主要是研究给畜禽看病，现在则涉及动物营养健康与检疫、动物性食品安全、城市宠物健康养护等多方面，毕业生无论是就业还是创业都很有竞争力。

从国际上看，农业强国无不是农业科教强国。荷兰国土面积并不大，却是仅次于美国的世界第二大农产品出口国，在园艺作物、生猪、乳业、种业等方面都拥有优势。原因之一，是在于其拥有世界领先的农业大学瓦赫宁根大学，涉农学科实力全球首屈一指。为激励年轻人投身农业，该校与政府、企业一起，拿出高预算吸引人才进行基础性前沿性研究和教学，并在荷兰各地推广适用性技术。用科技推动农业提质，以人才推动农业增效，这是荷兰农业赋予我们的启示。

乡村振兴，人才是关键。强农兴农，人才是根本。人才有很多类型和层次，有农业生产经营人才，有乡村公共服务人才，有农村实用人才，有农业科技人才，这些不同的人才都是乡村需要的。现阶段，这些人才中的高水平人才尤为关键，农学教育则是培育这类人才的摇篮。我国拥有一大批涉农高校，综合性大学里也有不少涉农专业。当前，农业农村比以往任何时候都需要高素质的农科毕业生。不过，不少高校的农科专业设置相对滞后，教学模式和效果也有待提升，还不能适应农业农村发展需要。

此次《指南》的发布，是提升科教界服务农业农村发展能力的标志性举措。下一步，要以此为契机，促进专业设置与产业链、创新链、人才链有机衔接。农业类高校要遵循学科发展规律，及时响应农业发展新需求，适时调整优化专业设置。各地要引导综合性高校拓宽学科专业边界，改造提升现有涉农专业，增设一批新兴涉农专业。在探索中，不可盲目上马一些不具备师资力量的新农科专业，可通过探索多种形式，实现农科资源共享。比如，河南几所农林院校组成联盟，实行师资互聘、学分互认、课程互选，就是很好的尝试。

十年树木，百年树人。从更大范围来看，人才队伍建设不可能一蹴而就，需要长期不懈的努力。推动乡村人才振兴，要把人力资本开发放在首要位置，想方设法创造条件，让农业的机会吸引人、农村的环境留住人。当前的重点是推动产学融合，建立以国家需要、产业需求、行业应用为导向的农业人才培育机制，以能力、质量、贡献为导向的农业人才分类评价体系。应以完善农业高等教育和培育高水平农科人才为先导，造就一支高素质农业农村人才队伍，以人才发展引领支撑乡村全面振兴。

（刊发于 2022 年 9 月 27 日时评版）

豆粕减量成农业增效突破口

9月以来，国际大豆价格出现异动，国内豆粕价格再度上涨，达到历史高位。豆粕价格高速上涨、供需紧张，使豆粕减量替代成为饲料养殖业颇受关注的议题，温氏、牧原、新希望等龙头企业纷纷积极探索。

从消费结构看，豆粕减量替代有利于保障国家粮食安全。近年来，粮食的口粮消费已经达到峰值并呈下降趋势，饲用消费则在持续增加，粮食安全的最突出矛盾表现在饲料粮上。同时，随着养殖规模化水平的提高，畜禽的“口粮”也发生了很大变化，工业饲料消耗量近20年来以年均6.9%的速度递增，也增加了饲料粮压力。业内预测，到2030年，饲料粮消费需求还将增加。只有节约和高效使用饲料粮，才能更好维护国家粮食安全。

从产需格局看，豆粕减量替代有利于保障农业产业链供应链稳定。养殖业的本质是饲料经动物的过腹转化。在我国，玉米和豆粕是主要的饲料谷物，玉米是能量饲料，豆粕是蛋白饲料。当前，全球百年变局和世纪疫情交织，地缘政治风险、极端气候灾害、供应链不畅等多重因素叠加，对国际农产品市场格局产生深远影响。我国是动物产品生产大国，饲料原料进口依赖度高。近年来，大豆存在产需缺口，是我国进口最多的农产品，且主要用于加工豆粕和榨油。只有做好豆粕文章，才能保障农业产业链供应链稳定。

由此可见，豆粕减量替代既是应对外部供应不确定性的被动选择，更是推动农业高质量发展的主动作为，对于养殖者节本、饲料生产者节料、全行业增效和国家粮食安全具有重要意义。中办、国办 2021 年 10 月印发《粮食节约行动方案》，其中一项就是加强饲料粮减量替代。今后要利用现代动物营养学成果，以豆粕减量替代为突破口，充分挖掘农业资源，使农业提质增效。

减少豆粕既有必要性，也有可行性。动物生长需要蛋白质，主要是为了获取氨基酸。减少豆粕饲用需求，主要通过推广高品质低蛋白日粮技术，以及用其他杂粕替代豆粕，并不会影响肉蛋奶的营养。2018 年以来，不少地方和企业已经在进行豆粕减量替代。2021 年全国养殖业消耗的饲料中豆粕占比降到 15.3%，比 2017 年下降 2.5 个百分点，节约豆粕 1100 万吨，折合大豆 1400 万吨，相当于 1 亿亩以上耕地产出。

豆粕减量替代还有更大空间。一方面，减量有动力。饲料养殖企业用什么品种，主要看性价比是否合算、供应是否稳定。今年前 8 个月，国内豆粕均价每吨比 2019 年上涨了 1400 元，带动饲料成本每吨增加 200 元以上。饲料原料成本的抬升，将会传导至养殖产品价格，也让企业更有积极性推动豆粕减量。另一方面，替代有条件。我国氨基酸工业处于世界领先水平，具有生产全部动物必需氨基酸的能力，产量和产能均全球领先，大部分产品价格都降到了饲料养殖企业可接受的程度。

推进豆粕减量替代，要改变传统的观念。一些养殖场户和饲料生产者片面地认为饲料的蛋白质含量越高越好，一些地方认为一般耕地只能种粮不能种草。要改变观念，充分挖掘耕地、农闲田、盐碱地、草地等资源潜力，加快建立现代饲草产业体系。推进豆粕减量替代，要持续增加优质饲草供给，构建适合中国国情和资源特点的饲料配方结构。增加全株青贮玉米、苜蓿、饲用燕麦等优质饲草供应，引导牛羊养殖场户改变过多依赖精饲料的习惯。

推进豆粕减量替代，要将其纳入生态产品价值补偿机制范畴。养殖动物过量摄入的蛋白质会以尿氮或粪氮的形式排出，不仅造成蛋白质浪费，还会增加环保压力。推广低蛋白日粮技术，采用经济、精准的饲料配方，可以减轻环境承载压力。但是，目前豆粕减量替代其污染减排和温室气体控制的环境效益还没被社会广泛认可，不能兑现为经济效益。纳入生态产品价值补偿机制后，将更能调动养殖企业的积极性。

（刊发于 2022 年 10 月 11 日时评版）

向农业强国跨越的关键期

党的二十大日前胜利闭幕。“加快建设农业强国”成为许多来自农业领域的代表热议的话题，这包含着对农业发展的新期待新要求。

以往描述农业发展目标，多用农业现代化一词，指传统农业变为现代农业的过程。农业强国内涵丰富，尤其侧重竞争力角度，强调不仅要满足本国人民需要，还要能引领全球农业发展。简而言之，农业现代化是跟自己比，跟世界平均水平比；农业强国是跟农业发达国家比，跟世界先进水平比。农业强国要在农业现代化基础上，对内改变农业的弱质产业地位，对外占据国际竞争优势。当前，多数发达国家虽已实现农业现代化，但只有少数算是农业强国。

人们常说，中国是农业大国，主要指产业规模大，体现在我国农产品产量、农业劳动力数量、农业增加值均居世界第一位。2021年我国人均 GDP 达 1.25 万美元，工业化进入中后期，城镇化率达64.7%，有条件推动农业农村优先发展，实现“以工补农、以城带乡”。此外，我国有超大规模的市场优势和最大规模的中等收入群体，农业的舞台广阔。这些都构成了建设农业强国的基础。

我国是农业大国，但不是农业强国。“大而不强”是我国农业发展面临的重大瓶颈，表现为农产品多而不优、农牧结合不足、要素循环不畅、科技支撑不够等。我国与主要农业强国还有较大差距，表现为劳动生产率、土地产出率、资源利用率不高。差距就是机遇，瓶颈也是潜力。无论是满足人民群众对美好生活的向往，抑或是应对世界百年未有之大变局，都要求我们加快建设农业强国。

“建设农业强国”这一提法有一个孕育成熟的过程。2013年的中央农村工作会议提出，“中国要强，农业必须强”。2018年的中央一号文件提出，“加快实现由农业大国向农业强国转变”。目前，我国已经到了向农业强国跨越的关键期。着眼新征程，加快建设农业强国，必须确保粮食安全和重要农产品供给，通过提升产业素质和主体实力，实现从规模到效益、从数量到质量、从科技装备到保障能力、从经营体系到产业韧性的全面跨越。

提升产业素质，是建设农业强国的着眼点。农业强国往往是农业科技强国和农业装备强国。一些人口不多、面积不大的国家之所以能成为农业强国，就是靠科技的强项改变了资源的短板。农业强国荷兰和以色列分别得益于畜牧业、节水农业的科技优势。走中国特色农业强国之路离不开科技创新，必须追求中国式农业科技自立自强。在研发层面，发挥新型举国体制优势，集中力量办大事，在基础性公共性农业科研领域占领高地；在应用推广层面，发挥农业科技推广体系优势，畅通科技经济循环，把科研成果送到田间地头。

提升主体实力，是建设农业强国的突破口。农业强国往往是农业企业强国和农业品牌强国。美国是头号农业强国，国际四大粮商有三家是美国企业，以此把持着大宗农产品贸易的主渠道和定价权。法国也是农业强国，拥有四大粮商之一的路易达孚，使其在农业产业链供应链方面有一定话语权。走中国特色农业强国之路，离不开扶优主体、做强企业，必须探索适合中国国情的现代农业经营体系。既坚持家庭生产的基础性地位、保护小农户利益，又培育新型农业经营主体，扶持壮大龙头企业，以联农带农实现强农富农。

建设农业强国是篇大文章，要靠不断耕耘来书写。与西方国家的农业发展道路不同，我国强调政策对粮食和农业的积极作用，强调依靠自身力量解决供给保障，强调对小农户和农民利益的保护，强调相互尊重与合作共赢，强调对贫穷国家的农业援助。我国加快建设农业强国，不仅能为发展中国家做强农业提供中国方案，也将为世界农业多元化发展贡献宝贵经验。

（刊发于 2022 年 10 月 25 日时评版）

“三农”工作须臾不可放松

党的二十大报告明确提出，全面建设社会主义现代化国家，最艰巨最繁重的任务仍然在农村。报告强调，“全面推进乡村振兴”“坚持农业农村优先发展”“加快建设农业强国，扎实推动乡村产业、人才、文化、生态、组织振兴”。这为“三农”工作指明了前进方向，提供了根本遵循，也启示我们，在新征程中，“三农”工作仍然至关重要，须臾不可放松，务必抓紧抓实。

没有农业农村的现代化，就没有整个国家的现代化。尽管农业农村发展取得历史性成就，但农业依然是短腿，农村依然是短板，农业农村发展依然相对滞后。绝对贫困问题解决了，老乡们过上了好日子，但还要继续努力往前走，让生活越来越美好。以中国式现代化全面推进中华民族伟大复兴，要求我们必须举全党全社会之力全面推进乡村振兴，加快农业农村现代化。

农业现代化要把提高农业综合生产能力摆在更突出位置，应有拓展农业功能的深度。中国式现代化是人口规模巨大的现代化，基础是解决好 14 亿多人的吃饭问题。全面推进乡村振兴，必须把提高农业综合生产能力摆在更突出位置。作为初级产品的产出部门，虽然农业可能平时不显山不露水，但关键时候其重要性可压倒一切。因此，越是面对风险挑战，越要稳住农业基本盘。随着时代发展，虽然农业在国民经济中的比重在下降，但农业的多重功能多元价值日益凸显。要以确保重要农产品特别是粮食供给为首要任务，充分发掘农业的生态涵养、休闲体验、文化传承功能，满足人民美好生活需要。

农村现代化要把提高农民收入摆在更突出位置，应有维护农民利益的厚度。中国式现代化是全体人民共同富裕的现代化，农民与农村是共同富裕的着力点。脱贫攻坚和乡村振兴的工作虽然连续，但前者重点解决农村绝对贫困问题，后者主要解决“三农”问题，也更具综合性。全面推进乡村振兴的深度、广度、难度都不亚于脱贫攻坚，要善于处理更复杂的利益关系。乡村振兴战略提出已经5年，乡村格局正处在演化调整的关键期。伴随乡村建设行动，有的地方酝酿大拆大建，有的地方打起农民土地主意。农村的资源取之于农，理应主要用之于农，要让农民更多分享产业链和土地增值收益，让农村改革的成果更多更好惠及农民。各地应多听农民呼声，多为农民着想，千方百计提高农民收入。

农业现代化与农村现代化要一并推进，应有促进城乡融合的高度。从地图上看，城市是一个点，乡村是一大片，城市的发展要靠乡村的托举。城市和农村是命运共同体，衰弱的乡村无法承载繁荣的城市，振兴乡村必然涉及城乡关系的深刻调整。要坚持城乡融合发展，把农业农村发展作为现代化建设的优先任务，以工补农、以城带乡。一方面，改变以往农业农村资源要素单向流出的情况，在产业发展、基础设施、生态保护、社会治理等方面综合施策，统筹解决农业农村面临的“人、地、钱”难题。另一方面，顺势而为推进新型城镇化，保持足够的耐心，让农民在城乡间自由流动、进退有据。

总之，唯有保持“时时放心不下”的责任感，才能把 14 亿多中国人的饭碗端得更牢，让广大农民生活得更美好，将广袤乡村建设得更加宜居宜业、更加和美。

（刊发于 2022 年 11 月 1 日时评版）

农民评职称强化“三农”人才支撑

近日，河北石家庄2名农民获评农民职称的消息，经人社部官方微信发布后，引发广泛关注。

其实，给农民评职称不是什么新鲜事。2018年中央一号文件提出，鼓励各地开展职业农民职称评定试点。2019年中央一号文件提出，探索通过岗编适度分离、在岗学历教育、创新职称评定等多种方式，引导各类人才投身乡村振兴。近年来，山东、甘肃等不少地方已开展职业农民职称评定。

农民职称评定是一种信号。职称是对职业能力的评定，在现代社会里，很多成熟的职业都有职称评定体系。教师有职称，工人有职称，医生有职称。作为一种职业，农民有职称自然也无须大惊小怪。农民是当之无愧的崇高职业，为14亿多人的吃饭问题作出不可替代的贡献。然而，过去很长一段时间，社会对农民和农业有刻板固化印象，存在轻视农业、忽视农民的情况。对新型职业农民的职称评定，有利于提高农民的社会认同感、职业荣誉感，传递出在工业化信息化时代依然要重农固本的积极信号。

从农业发展角度看，农民职称评定有现实需要。“‘70后’不愿种地，‘80后’不会种地，‘90后’不谈种地”，社会上流传的这句话刻画出农业的隐忧：农业劳动力呈现老龄化、女性化和低教育水平化，俗称“386199部队”。毋庸讳言，乡村人才总量不足、素质不高依然突出，解决“谁来种地”问题任重道远。迈上新征程，农业农村培养什么人、如何培养人、怎样留住人，仍是亟待回答的大课题。不妨以农民职业化为抓手，留住人、增能人、育新人，推动乡村人才振兴。

国际经验表明，任何国家农业的稳定发展单靠公司式农业是不可能的，必须建立在以农业为职业、以乡村社会为基本生存空间的农民群体基础之上。在我国，过去，农民主要是身份的概念，基于户籍来判定；如今农民越来越多是职业的概念，基于经济活动和职业行为来判定。进入新时代，伴随城乡融合发展，户籍制度改革深入推进，农业生产经营加快变革，农村居民可以在城乡间自由选择各类职业，农民不再是一种身份印记，而是一种职业选择。

当然，农民职称不是准入门槛，种地本身也不需要职称。对农民职称的评定肯定也不能照搬别的职业，而要符合自身特点，尤其要结合农业实际。比如，石家庄的农民职称评定对参评人员的论文、科研等不作要求，而把种植多少亩粮食、养殖多少头奶牛等列为评审依据。可以说，凡是以农业为职业，具有相应的专业技能、收入主要来自农业生产经营并达到相当水平的新型农民都可以申报相应的技术职称，这些人都是农民职称的目标群体。

给农民评职称只是第一步。要建立健全新型职业农民制度体系，不只是技能培训或评定发证那么简单。一些农民积极申报职称，是因为获评后可能有一次性奖励，能优先承接项目，享受一些扶持政策。应着眼城乡融合发展实际，探索建立包括教育培训、认证管理、生产扶持、社会保障、金融信贷等方面的政策体系，逐步让新型职业农民既能享受与城镇职工在养老、医疗等方面同等的社会保障，也能享受在农业生产经营上的专门扶持政策。

乡村振兴的过程也是农民职业化的过程。乡村振兴是个长期历史过程，农民职业化也非一日之功。中国式现代化离不开人的现代化，要面向农业农村现代化培养人、吸引人，加快造就一支高素质农民队伍。让更多的高素质农业从业者在乡村振兴的广阔天地里大展身手，既为传统农民成为现代农民提供路径，也为各类人才投身农业开辟渠道，促进农民全面发展，正是农民评职称的要义所在。对此，我们有理由充满期待。

（刊发于 2022 年 11 月 8 日时评版）

均衡有序释放农产品进口需求

第五届进博会日前圆满落幕。中粮集团签下超百亿美元农产品采购大单。中储粮集团采购进口大豆 1000 万吨，采购总量比去年增长 19%。作为展商数量最多、来源地最广泛的展区，食品及农产品展区颇受关注。进博会也成为观察中国农产品进口态势的窗口。

南美大豆、澳大利亚牛肉、新西兰牛奶……人们发现，越来越多的海外农产品来到中国。作为农业对外开放程度最高的国家之一，中国农产品进口关税仅为世界平均水平的 1/4。为满足人民日益增长的美好生活需要，近年来中国主动扩大进口。2021 年，我国农产品进口额 2198.2 亿美元，增长 28.6%。在确保农产品总量基本平衡，特别是谷物基本自给、口粮绝对安全的前提下，进口量不断攀升，中国已是全球最大农产品进口国。

中国进口农产品并没有夺别人的口粮，而是有利于做大全球农产品生产和贸易的蛋糕。中国是拥有 14 亿多人口和 4 亿多中等收入群体的大市场，这给了主要出口国稳定的需求预期，使其敢于持续释放生产潜能，增加种植养殖规模。在中国进口需求的拉动下，不仅主要出口国农业生产效率在提升，也为其农民解决了销路、增加了收入。以大豆为例，不仅中国大豆进口增长，其他国家大豆进口也呈增长态势，中国并没有挤占其他国家的进口来源。原因是，中国的需求驱动世界大豆产量不断上升，生产国和消费国均能从中受益。

对中国而言，适当扩大进口也有利于增加国内农产品供给，缓解农业面临的资源环境压力，消费者也能得到实在的利益。目前大豆、食糖、棉花等农产品，中国都是全球最大买家；其他一些农产品也有不同程度的进口。对大宗资源类农产品的进口，某种程度上是世界范围内对农业资源的优化配置，相当于利用了国外的水土资源。对鲜活类优质农产品的进口，有助于促进国内农业结构调整，推动农业供给侧结构性改革。

当然，我国农业贸易也面临一些挑战。一方面，外部环境日趋复杂，国际市场不稳定性明显增强，农产品贸易面临不确定性。尤其是进口来源地高度集中，大部分粮油产品来自两三个国家，一旦出现风吹草动，供应链安全会受到影响。国际大宗农产品定价权并不在中国手中，关键时候“买得贵”问题需要警惕。另一方面，农产品进口总量和品种日益增多，对外依存度攀升，也会给本国相关产业带来隐患。而伴随消费需求结构发生深刻变化，农业的整体对外依存度预计还会上升。

统筹利用国内国际两种资源两个市场，是我国农业的基本政策。适度进口是国家粮食安全战略的重要组成部分。站在新起点，中国农业将以更加开放的胸襟拥抱世界，应积极、稳妥、有序扩大农业对外开放，该出口的要尽力出口，该进口的要主动进口。值得注意的是，要明确不同农产品国内自给的程度和优先序，进而明确不同农产品进口的规模和优先序。要均衡有序释放农产品进口需求，进口要适量、适度、适时，有增、有稳、有控，与消费需求相适应，与产业发展相协调。

我国日益以全球最大的农产品进口国身份走向世界舞台中央，应主动参与全球粮食和农业治理，以应对其他国家可能出现的出口限制问题，提高农业贸易规则制定的话语权，促成更加开放公平的国际贸易秩序。同时，深入推进南南合作，积极投资发展中国家的灌溉设施、港口等基础设施建设，参与发展中国家的粮食收购和流通环节，助力增强全球农业供应链的韧性。

（刊发于 2022 年 11 月 15 日时评版）

打开高标准农田建设发展空间

党的二十大报告提出，逐步把永久基本农田全部建成高标准农田。有关部门日前表示，到今年年底，全国将建成10亿亩高标准农田，累计建成高效节水灌溉面积超过4亿亩。5部门近日联合发文，在有条件的地区试点整区域推进高标准农田建设工作。一系列举措启示我们，要以农田为基，全方位加强农业基础设施建设。

农业基础设施包括高标准农田及农田水利设施、设施农业、农产品仓储保鲜冷链物流设施等。人们常说，农业发展，一靠政策，二靠科技，三靠投入。分析起来，农业基础设施建设恰是这三者的交汇之处：一是农业基础设施有很强的公益性、外部性，需要政策倾斜和支持保护；二是无论是高标准农田还是设施农业或是仓储冷链，都要科技支撑；三是基础设施建设周期长、工程大，需要真金白银的投入。可以说，加强农业基础设施建设既是当前扩大有效投资、稳住经济大盘的重点任务，也是增强农业保供能力、畅通城乡经济循环的长期举措。

现代农业必须有现代化的基础设施。党的十八大以来，农业基础设施明显改善，物质装备条件加快提升。不过，农业基础设施依然较薄弱，防灾抗灾减灾能力依然不强。一方面，高标准农田面积不到耕地总面积的一半，设施农业以中低水平的蔬菜大棚为主，地头仓储保鲜设施跟不上鲜活农产品流通需要。另一方面，不少地方对农业基础设施的公共投入不足，社会资本的投入积极性也不够高，基础设施成为农业产能提升的短板；一些项目存在“重建设、轻管护”的问题，建成后无人管护或疏于管护。因此，有必要以田间地头为起点，全方面加强农业基础设施建设。

以用好政策为牵引，做好耕地建设文章。耕地建设是个系统工程，不仅要抗旱防涝，还需农艺、生态、工程等措施多管齐下，不断提升耕地地力等级。面对全球气候变化，尤其要提升农田对气象灾害的应对能力。据测算，建成一亩高标准农田约需 3000 元投入。因此，各地不能只靠中央财政投入，还要统筹用好各级财政资金和其他渠道农田建设资金，用好新增耕地指标调剂收益使用机制，利用地方政府专项债，多渠道增加高标准农田建设投入，做好水、土、路、林、电等综合配套，确保农田必须是良田。

以加大投入为牵引，做好设施农业文章。设施农业的抗灾防灾能力整体比大田农业强，但其能否摆脱靠天吃饭取决于设施水平的高低。过去，一些地方设施农业的发展思路是中低投入、中高产出。如今，农业尤其是设施农业整体进入高投入、高产出时代，从专用品种到专门机械，从管理手段到经营模式，正迎来一轮新的变革。要打开设施农业的发展空间，从以往聚焦设施蔬菜大棚转向兼顾设施养殖场和海洋牧场建设。建强农业硬件设施的同时，优化农业软件条件，提升标准化农业管理能力。

以科技支撑为牵引，做好农产品仓储物流文章。加强农产品冷链物流设施建设，是果菜肉蛋奶等鲜活农产品的“生命线”，有助于降低农产品损耗和物流成本。很多新型农业主体和农产品流通企业都有发展初加工和保鲜冷链的积极性，在实践中也有一些创新的技术手段。可探索采用后补助的方式，支持其因地制宜建设仓储保鲜设施，并面向小农户提供社会化服务，补上农产品产后设施短板。在规划上，尊重冷链物流科技规律，加强产地仓储保鲜冷链设施与城市冷链集配中心、骨干冷链物流基地的衔接，形成城乡融合的体系。

（刊发于 2022 年 11 月 22 日时评版）

全力确保“菜篮子”产销顺畅

近日，部分地区出现农户蔬菜滞销现象，对农户生产生活带来较大影响，也不利于“菜篮子”保供，引发社会关注。

民以食为天，老百姓一天也离不开“菜篮子”。“菜篮子”产品包括菜果肉蛋奶鱼等鲜活农产品。其生产供应是高效统筹疫情防控和经济社会发展的前提条件，是抗击疫情的物质基础，是保障民生的重要方面，也关系农民收入和物价稳定。不同于粮食，“菜篮子”产品易腐烂、难保存，对交通物流的依赖更大、要求更高，其本身市场化程度高、价格运行空间大，产销衔接的难度自然大。

从生产环节来看，当前我国“菜篮子”产品生产形势较好，供应总量充足，可以满足城乡居民消费需求。农业农村部数据显示，蔬菜产量稳中有增，价格季节性下跌。全国主要蔬菜品种长势正常，面积和产量均有所增加。生猪产能处于合理水平，猪肉价格企稳回落。牛羊禽肉禽蛋生产形势较好，价格基本稳定。水产品产量增加，价格同比持平。商务部信息显示，受市场供给增加等因素影响，“菜篮子”产品价格总体有所回落。

但是，地里有不代表家里有，产得出还要销得畅。产销衔接的关键是要以较低的流通成本、较快的运输速度把农产品送达消费者。近年来，区域性、季节性农产品滞销时有发生，在一些地方和一些时段农民“卖菜难”和市民“买菜贵”现象并存。分析起来，有的滞销是因为种植结构不尽合理，有的是因为产销信息不对称，还有的是因为遭遇交通梗阻。

近期，部分地区蔬菜滞销现象就与货车运行受阻有较大关系。而之所以出现货车运行受阻，主要在于部分地区落实中央决策不到位，仍然存在“层层加码”、过度管控等问题，“一刀切”限制货车通行等不合理举措。针对此，交通运输部已明确“五个严禁”：严禁擅自关停关闭交通物流基础设施和限制运输服务；严禁“一刀切”限制封闭区域末端物流配送；严禁实施“静默”或封控管理的城市一律限制货车进出；严禁以等待核酸检测结果为由限制货车通行；严禁以车籍地、户籍地为依据限制货车通行。

蔬菜是“菜篮子”产品的典型代表。我国蔬菜产销日益呈现大生产、大市场、大流通的专业化格局，集中生产、跨省运输、全国交易成为常态。其产销也易受各类自然灾害、意外交通中断等情况影响。疫情之下，蔬菜产销衔接的难度更大，但越是面对风险挑战，越要稳住农业，越要确保农产品供应链安全。不得随意以防疫为借口拦截阻断农产品运输，不能让交通梗阻成为农产品流通的拦路虎，必须全力保障交通网络畅通、物资运输畅通、末端配送畅通。

我国实行“菜篮子”市长负责制，包括了产品生产能力、市场流通能力、质量安全监管能力、调控保障能力等方面。当前，要以畅通“菜篮子”产品运输通道为契机，进一步压实“菜篮子”市长负责制。对大中城市来说，要抓好设施蔬菜生产，提高周边蔬菜生产供应能力。对缺口较大的品种，加强与外埠生产基地合作。组织行业协会、电商平台做好重点地区、重点品种产销对接。做好耐储蔬菜、水果及冷冻肉品储备，适时加大投放力度。

要保障主干道，也要畅通微循环。城市要发挥各类流通主体作用，设立“菜篮子”产品中转调运站、接驳区或分拨场，加强终端配送保障，打通蔬菜运销“最后一公里”、配送“最后一百米”。例如，有的城市虽疫情形势严峻但依然加强民生保障类商超运行保障，提出与民生保障相关的商场超市涉疫处置做到快封快解，原则上关闭一天后即重新开放。

（刊发于 2022 年 11 月 29 日时评版）

新型农村集体经济新在哪

村里给你家分红了吗？临近岁末，农村集体经济组织给村民分红的消息不断。与此同时，多地出台壮大新型农村集体经济的措施。例如，陕西省印发文件，提出力争到2023年底，全省农村集体经济“空壳村”基本清除。

党的十九大报告首次提出实施乡村振兴战略，把壮大集体经济作为一项重要举措。党的二十大报告明确指出，发展新型农村集体经济。无论是给农民分红，还是努力清除“空壳村”，都是发展新型农村集体经济的重要表现。如何正确认识农村集体经济，怎样推动新型集体经济壮大，不仅关系农业农村经济发展，也关系农村改革和乡村治理的成效。

所谓新型农村集体经济，新就新在不是传统“一大二公”的集体经济，而是产权明晰、成员清晰、权能完整的农村集体经济。发展新型农村集体经济，目的是发展壮大集体经济，激活农村各类要素潜能，赋予农民更多财产权利，实现强村与富民结合。在实践中，不能把集体所有制改虚了、把集体资产改没了、把农民利益损害了，而要盘活用好农村资源资产，补齐农村发展短板。

产权制度是市场经济的基石。我国农村产权制度是有中国特色的制度安排，农村承包地、宅基地等资源和集体经营性资产都属集体所有。党的十八大以来，国家全面推开农村集体产权制度改革试点，有序开展集体成员身份确认、集体资产折股量化、股份合作制改革、集体经济组织登记赋码等工作。通过改革，清查核实农村集体资产 7.7 万亿元，集体土地等资源 65.5 亿亩，确认 9 亿人农村集体经济组织成员身份。

伴随改革，农村集体经济发展取得一定成效，但也面临一些制约。首先，地区发展不平衡。东部地区农村集体经济收入远高于西部地区，东部不乏能大额分红的“亿元村”，西部依然存在集体经济“空壳村”。其次，可持续性不足。不少农村经营性收入占比不高，一些资源仍在“沉睡”、有待“唤醒”，一些对补助收入依赖性高。最后，“三资”管理不够规范。不少地方虽建立了农村集体经济组织，但对集体资产、资金、资源的管理还不够科学民主。

可见，发展新型农村集体经济，既要分好“蛋糕”，更要做大“蛋糕”；既不能像过去那样“人人有、人人无份”，更不能“一分了之”“吃光分净”。通过改革，各地成立了农村股份经济合作社或经济合作社，集体资产正经历由过去农民“看得到、算不清、管不了”到“既当家、又监管、还分红”的转变。今后还要继续深化农村产权制度改革，赋予集体经济组织和农民对集体产权的占有、使用、收益、处置等权能，发挥市场在资源配置中的决定性作用。

新型集体经济的实现形式是多样的，中央政策鼓励各地探索。近年来，各地通过完善集体经济运行机制，发展土地合作、资源开发、生产服务、资产租赁、联合发展等多种形式，拓宽了农村集体经济发展的有效路径。贵州、安徽、陕西等中西部地区，探索资源变资产、资金变股金、农民变股东，将“四荒”地等资源入股新型农业经营主体，将扶贫资金等转变为集体成员股份，使农民更多分享增值收益。江苏、浙江、广东等发达地区，通过物业经营、抱团联合等方式壮大了集体经济实力。

要强调的是，发展农村集体经济应实事求是、量力而行，要确保严格控制集体经营风险和债务规模。各地农村集体经济组织不妨立足资源禀赋、区位优势，探索自主经营、联合经营等多种方式，开展资源发包、物业出租、居间服务、资产使用权入股等较稳健的经营活动。从实践看，有的将集体资源资产入股乡村新产业新业态，有的探索社会资本与集体经济组织合作的新模式新途径，这些都值得借鉴。

（刊发于 2022 年 12 月 6 日时评版）

发展经济作物莫以产量论英雄

民以食为天，果菜总挂怀。最新农情调度显示，全国蔬菜产量有所增加，水果产量处于高位。农业农村部近日发文提出，到2025年，果菜茶等经济作物化学农药使用强度力争比“十三五”期间降低10%。这从一个侧面反映出人们对经济作物量和质的双重期待。

经济作物包括果菜茶棉糖等，既与人们生活息息相关，也为工业提供了原料。党的十八大以来，经济作物生产取得长足进步。2013年至2021年，全国蔬菜及食用菌产量年均增长2.6%，水果年均增长3.4%，居民的“菜篮子”“果盘子”极大丰富。经济作物产值约占种植业产值的2/3，对农民的增收效应比粮食作物明显。以茶叶为例，带动了2600万茶农和3300万采茶工就业增收。一片叶子，成就了一个产业，富裕了一方百姓。

发展经济作物，固然需要有一定的量，但又不能以量论英雄。尽管我国茶叶、水果、蔬菜、食用菌面积和产量均居世界第一，但大而不强、多而不优问题依然突出。由于经济作物的市场化程度高、政策支持力度又有限，这种不强不优对产业的影响也甚于粮食作物。反映到市场上就是，棉花糖料叫得响的品牌少，园艺作物品类全而不精，缺乏一批国际知名品牌。以猕猴桃为例，新西兰佳沛能卖到10元一个，我国每斤均价不到10元。

分析起来，当前，经济作物发展的主要矛盾不是量的问题，更多是质的不足。而之所以发展质量还不够高，原因有多方面。有的关键核心技术创新能力不强，比如突破性的强优势品种不足，导致专用品种少，比如适宜园地的农机推广滞后，导致人工成本高。有的标准化绿色化生产水平落后，栽培不规范、用肥用药不合理、商品性不统一。有的产业链不完善，生产主体多小散，加之产后预冷保鲜储运加工能力不强，导致深加工产品少，流通环节效率低。

党的二十大报告对全方位夯实粮食安全根基、构建多元化食物供给体系均作出部署。当前，全球经济作物市场呈现激烈竞争态势。因此，要从粮食安全和食物供给的高度，优化种植业结构，促进经济作物产业转型升级，既提高供应能力，又提高质量效益，打造更具竞争力的产业链供应链，赢得国际竞争主动权。

一方面，统筹粮经协调发展，科学布局种植业大结构。人多地少水缺是我国的基本国情农情。在有限的资源条件下，必须科学处理粮食作物和经济作物的关系。过去一段时间，为了促进农民增收，一些地方出现果树茶树种在平原坝区，耕地向园地转变的情况。国土三调数据显示，2009 年至 2019 年的 10 年间，耕地净流向园地面积达 0.63 亿亩。当前，经济作物面积总体不是少了，而是多了，既容易造成同质化竞争，也对种粮产生挤出效应。应坚持不与粮争地的原则，引导新发展林果业上坡上山，不在永久基本农田、高标准农田上种果栽茶。

另一方面，立足区域品种产品，优化经济作物产业内部结构。区域品种产品三要素是效益的关键，也是经济作物成功发展的考量。近年来，我国果菜茶供求基本处于总体平衡有余的状态，但一些地方仍然存在非适宜区盲目扩种的情况。尤其是少数社会资本进入炒作，成为越区种植的推手，这部分经济作物产品质量并不优，效益也不好，给产业带来隐患。可见，发展经济作物不能一哄而上，要坚持适区适种、有序发展，避免盲目引种、无序扩种；也不能违背自然规律，突破资源承载力，过度开发。

（刊发于 2022 年 12 月 13 日时评版）

植物工厂走出国门的启示

卡塔尔世界杯比赛刚刚落幕。欣赏和回味比赛之余，细心的人们还注意到一条赛事之外的新闻。据报道，两位中国年轻人利用中国农业科学院的智能LED植物工厂技术，在卡塔尔生产的30多种蔬菜很是畅销，走上多支参赛球队的餐桌。

在植物工厂里，蔬菜的头顶没有太阳、脚下没有土壤，取而代之的是LED灯和营养液。植物工厂集生物技术、工程技术等高新技术于一体，使农业从资源束缚中解脱出来。叶菜一年可收获10多茬，产量是露地的几十倍，极大提升了劳动生产率；无土栽培，多层立体种植，显著提升了土地利用率；投入品可控且标准化，产品更符合绿色生态要求。卡塔尔属热带沙漠气候，很多蔬果需要进口。可以说，在当地种菜颇为不易，植物工厂受欢迎也实属必然。

对我国这样人多地少的大国来说，发展植物工厂意义更是重大。作为高端设施农业的一种，植物工厂不仅利于构建多元食物供给体系，创新蔬菜产业链供应链，还可以试验示范诸多农业前沿技术，实现现代农业和工信业融合。目前，中国已掌握了植物工厂的五大核心技术，成为少数几个完全掌握植物工厂核心技术的国家之一。其中，LED人工光源技术更是核心技术的核心，在这方面中国已处于全球领先地位。

党的二十大报告强调，加快建设农业强国。刚刚召开的中央经济工作会议指出，科技政策要聚焦自立自强。发展植物工厂，既顺应农业强国建设的要求，也符合科技自立自强的内涵，既体现农业发展量的突破和质的跃升，又彰显打破常规的后发优势和赶超态势。具体看，有三方面启示值得总结。

启示之一是农业科技要自立自强。世界正处于百年未有之大变局，国际农业竞争合作格局日趋复杂。我国农业科技形成了少量领跑、多数并跑和跟跑的格局。当前，部分前沿领域基础研究的创新能力不足，重要种源、农机装备、智慧农业等关键领域自主可控能力不强。核心种源和关键技术是买不来的，只能靠加快科技创新，多出突破性成果。植物工厂并非中国首创，但中国却堪称技术集大成者。这离不开尊重科研规律和农业特点，久久为功，长期积累，也离不开农业与二、三产业的深度融合，统筹资源力量，集成创新合力。

启示之二是正确对待农业“火花”技术。近年来，我国农业领域涌现出多年生稻、耐盐碱大豆、二氧化碳人工合成淀粉等众多创新“火花”。这些技术吸引着公众眼球，让人期盼产业的颠覆性变革，但同时，实验室成果短期难快速落地，也难免让人心怀观望情绪。这种情况下，如何对待新生事物，考验着地方发展的眼光。植物工厂就是早年的“火花”技术，发展正是得益于鼓励和尊重科学探索与技术创新。要建立农业“火花”技术捕捉、评价、培育、监测机制，重点支持可行性强、带动力大的“火花”技术，实现更多“从 0 到 1”的突破。

启示之三是创新链应与产业链融合。长期以来，农业科技与产业“两张皮”，成果转化率不高。其实，植物工厂发展初期也面临诸多瓶颈，尤其是建设成本高、运行能耗大以及如何优质优价。算好成本效益账是创新链与产业链融合的关键。近年来，中国成为植物工厂产业化发展最快的国家。在生产起点，很多工商资本跨界进入；在消费终端，产品走入餐馆和家庭。链条两端的新动态恰恰号对了农业的“脉”，就是以技术为先导，把现代管理理念、组织方式、营销手段引入农业，再倒逼技术熟化和迭代，实现更多“从1到N”的发展。

（刊发于2022年12月20日时评版）

做好农业支持保护大文章

临近岁末，新一年有啥强农惠农政策，国家怎么支持保护农业，成为不少农民关心的话题。农业支持保护制度也成为近期多份高规格文件的关注点。党的二十大报告提出，完善农业支持保护制度。中办、国办印发的《乡村振兴责任制实施办法》强调，完善农业支持保护制度。中共中央、国务院印发的《扩大内需战略规划纲要（2022—2035年）》提出，健全农业支持保护制度。对农业支持保护制度的政策关注历时已久，但近期文件的多次强调显然颇有深意。

全面建设现代化国家，农业农村既是最大的短板，也是最大的潜力所在。农业是弱质产业，面临自然和市场双重风险，又是初级产品的生产部门，具有外部性和公共性，需要特殊的支持保护。其核心产品粮食，是万民之命、国之重宝，涉及国家安全；另一核心产品猪肉，如果产能、价格大幅波动，势必影响物价和民生。随着经济发展，农业占国民经济的比重呈下降趋势，但其重要性却更加凸显。

在我国，相当长的时期里，由于工农产品价格“剪刀差”的存在，农业为经济社会发展作出牺牲。进入新世纪，随着取消农业税，实施农业补贴，国家对农业才实现从“取”到“予”的转变。党的十八大以来，逐步形成以农业投入、价格支持、农业补贴、金融服务等为重点的农业支持保护政策体系。支持保护制度是现代国家农业政策的核心，也是建设农业强国的要求。现在，我们有能力支持农业农村优先发展，构建新型工农城乡关系。

如今，农业发展的内外部环境在发生变化，要求支持保护制度也要随之完善。我国农业发展遭遇生产成本不断抬升的“地板效应”、农产品价格提升空间有限和直接补贴受 WTO 规则限制的“天花板效应”。这意味着一些支持措施行不通了，一些措施的具体方式要调整。做好农业支持保护大文章，要处理好三对关系。

处理好政府和市场的关系。农业支持保护要从过去主要依靠行政手段向更多运用经济和法律手段转变。支持保护制度本身不能干扰价值规律的运行，不能扭曲价格信号。因此，要坚持“市场定价、价补分离”的原则，处理好风险保障和价格补贴之间的关系。我国作为世贸组织成员，要减少受限制的“黄箱补贴”，多用地力保护、技术补助等不受限的“绿箱补贴”来扶持农业发展。可以引入更多的风险管理主体，运用保险、期货、金融等手段来减少风险，稳定预期。

处理好支持新型主体与扶持小农户的关系。完善支持保护制度，关键要提高效能。在实际操作中，既要追求效率也要兼顾公平。小农户约占农业经营户总数的 98%，完善支持保护制度必须保障好其利益。除了显性的农业补贴之外，国家对农业更多的支持“藏”在农业生产条件改善中。因此，一方面，要在基础性、普惠性领域持续投入，使得各类主体都能享受到政策红利，为小农户发展创造良好环境；另一方面，扶持新型主体不意味着放弃小农户。要把带动小农户的情况作为扶持新型主体的重要依据。

处理好保供给与其他政策目标的关系。支持保护制度的初衷是保供给，伴随政策工具的不断开发，保收入和保生态的作用也随之而来。目前来看，保障国家粮食安全、强化农民收入支持、推动农业绿色发展三者协同越来越重要。现阶段，还是要以保供给为首要目标，这并非因为保收入和保生态不重要，而是支持保护制度本身对保供给最有效且有针对性。

（刊发于 2022 年 12 月 27 日时评版）

变农业碳票为农民钞票

低碳正成为农业领域的热词。中央农村工作会议提出，发展生态低碳农业。近日，浙江省轻工业质检院发出首张农产品碳足迹评价证书，贵州省遵义市第一张茶园碳票发行。

很多人感受到，刚刚过去的2022年，农业低碳变革正加快走进生活。厦门产权交易中心成立全国首个农业碳汇交易平台。广州碳排放权交易中心认定了广东省首个碳中和食品。浙江省嘉兴市发出全国首个葡萄碳标签。淮安市洪泽区成为江苏省首个在农业领域进行碳汇转换的县区。

生态低碳农业是可持续发展农业的高级形式，也是建设农业强国的主攻方向。无论是农产品碳标签还是农业碳汇转换，都是引导农业低碳生产的有效手段。以“碳标签”为例，其以标签的形式将商品在生产、运输和处置全生命周期中排放的温室气体用数据表示，直观显示单位产品碳排放量，可以倒逼种植户优化生产方式，推进减碳进度。

总体看，我国生态低碳农业处于起步阶段，还面临不少困难。一方面，治存量、遏增量任务繁重。农业生产方式依然较粗放，农业生态环境欠账较多，优质生态农产品供给不足，发展农业生产与保护农业生态环境的矛盾依然存在。另一方面，减排放、促低碳要求迫切。生态低碳的理念还不够深入，农业全产业链绿色转型刚刚起步，种养业绿色生产和低碳加工技术相对落后，低碳发展的激励约束机制尚未健全。

长期以来，减排降碳主要关注工业部门，对农业领域的重视不够。其实，农业既是重要的温室气体排放源，又是巨大的碳汇系统。与其他产业不同，农业减碳更复杂。农业的生产对象是生命体，具有一些不可更改的自然属性，如稻田的甲烷排放、反刍动物的肠道发酵。农业的生产场景是大自然，使用碳捕获技术成本极高。但同时，农业又是生态产品的供给者，农田、森林、草地等可以抵消部分减排难度大的碳排放，从而降低整个社会碳中和的成本。

今后，要从三方面推进农业减排固碳。

要处理好降碳和保供的关系。保供给是农业的天职。发展生态农业不是不要保供，恰恰是要更高质量的供给。发展低碳农业也不是不要产能，恰恰是要更健康的产能。人们对农产品的数量和质量需求都在提升，促使农业生产规模、开发强度持续提高，加上农业机械化发展，可能带来更多的排放。因此，发展生态低碳农业，离不开科技创新。近年来，我国已经开展了许多实践，比如水肥一体化，能减少农药化肥施用；又如秸秆多元利用，能减少排放，还可以固碳。今后要强化农业补贴的绿色生态导向，强化农业绿色低碳技术集成运用。

要把农业碳票变成农民钞票。由于农业经营分散、过程复杂，碳排放核算相对困难，使其难以被更多碳交易市场接纳，导致农业经营主体缺乏减排激励。今后，推进农业低碳生产，应把握好三大红利。一是化肥农药等投入品减量，带来生产成本降低；二是农产品品质提高，带来优质优价；三是产地生态环境改善，带来区域公用品牌效应。要通过生态补偿、排放权交易实现减排，通过优质农产品认证实现优质优价，通过乡村旅游和公用品牌把良好的产地环境变现，将生态红利变成产业效益和农民收入。

要减碳、固碳并举，打造生态低碳农业产业链。一手抓减碳，优化稻田水分管理，推广科学施肥方式，改进畜禽饲养管理，加强畜禽粪污处理利用，减少种养环节温室气体排放。一手抓固碳，加强退化耕地治理，推广有机肥施用、秸秆还田等，提高土壤有机质含量，增加农田碳汇。发展稻渔综合种养等高效生态渔业，开展贝类藻类养殖，实现渔业生物固碳。

（刊发于 2023 年 1 月 3 日时评版）

做好农民增收“两业”文章

岁末年初，正是农民盘点上一年收入、谋划新一年生计的时候。中央农村工作会议提出，要坚持把增加农民收入作为“三农”工作的中心任务，千方百计拓宽农民增收致富渠道。加快建设农业强国，要紧盯产业和就业，做好增加农民收入的“两业”文章。

近些年，农民收入较快增长，增速连续 12 年跑赢城镇居民，生活面貌持续改善。但是，城乡居民收入的绝对差距依然很大，在农业生产成本上涨、经济下行压力加大的情况下，促进农民持续增收依然面临较多困难。农民富不富，决定着亿万农民的获得感，也决定着社会主义现代化的质量。据测算，随着农民收入增长，农村消费升级，预计每年可新增 2 万亿元左右消费需求。可见，农民增收不仅是农业农村工作的中心任务，也是畅通城乡循环的关键之处。

做好产业文章是针对农民的经营性收入而言的。促进农民增收，难点在主产区和种粮农民。如果产业不兴旺，农民增收就很难。产业兴旺，既可以适度规模化种粮，也可以发展富民乡村产业。发展乡村产业，不是简单地种几亩地、养几头猪的问题，有条件的要通过全产业链拓展增值空间。要积极发展农产品加工业，推动农村由卖原字号向卖制成品转变，把产业空间更多留在县域。要发展乡村旅游、文化康养、电子商务等新产业新业态，把增值收益更多留给农村。

需要提醒的是，近年来，很多地方在乡村产业升级中，往往规模越来越大、农户参与度却越来越低，这是市场自发作用的结果。但是，检验乡村产业发展成效，不仅要看能否增强产业驱动力，提升竞争力，还要看能否让农民有钱赚，增强对农民增收的带动力。一定要把握好度，不能忘了农民这一头，要完善利益联结机制，尽可能让农民参与进来。要避免富了老板、亏了老乡，农户能干的尽量让农户干，企业干自己擅长的事，形成企业和农户优势互补、分工合作的格局，让农民更多分享产业收益。

做好就业文章是针对农民的工资性收入来说的。从全国来看，工资性收入已连续多年超过经营性收入，成为农民最大的收入来源。对脱贫群众来说，工资性收入占其收入的六成以上。不过，农民的工资性收入与宏观经济形势和个体职业素质密切相关。如今，农民务工有了新趋势，跨省外出务工的在减少，就地就近务工的在增多；既有一些农民工找不到理想岗位的情况，又有一些企业缺少技术型农民工的情况。

要多措并举促进农民工就业。一要引导外出务工就业，提高技能培训和就业服务力度，让更多农民工成长为技术型农民工，提高就业质量。二要促进就近就地就业，发展就业容量大的县域二、三产业，吸纳农民在家门口就业增收，提高就业便利度。三要以创业带就业。据统计，一个农村创业项目平均可以吸纳 6~7 个农民稳定就业，17 个农民灵活就业。应鼓励大学生、农民工、企业家等返乡入乡创业，带动更多农民就业。

值得一提的是，巩固拓展脱贫攻坚成果是全面推进乡村振兴的底线任务。农民收入问题，既有城乡居民收入差距问题，也有农村中的低收入问题。把巩固拓展脱贫攻坚成果放到增加农民收入的框架下来看，做好产业和就业文章依然很有分量。要把增加脱贫群众收入作为主攻方向，将帮扶力量和各类资源向促进产业发展和扩大就业方面倾斜，增强产业造血功能，提升就业稳定程度，激发他们勤劳致富的精气神。

（刊发于 2023 年 1 月 10 日时评版）

重新认识土特产

眼下，各地在举办年货节，线上线下颇为热闹。土特产成为不少人购置年货、走亲访友的一大选择。日前召开的中央农村工作会议专门强调，做好“土特产”文章。在加快建设农业强国号角吹响的时刻，重新认识“土特产”，对推进乡村产业振兴有着特殊意义。

“土特产”看似寻常，却是大文章。土特产是有一定知名度的本地特色农产品或加工产品。据初步统计，到2021年底，全国特色产业一产总产值达9.7万亿元。近年来，不少土特产被培育成为地方支柱产业，孕育了人们耳熟能详的农业品牌。做好“土特产”文章，要立足“土”，体现“特”，形成“产”，推动乡村产业全链条升级。

立足“土”，就是用好农业农村资源。农产品扎根乡土，一方水土孕育一方土产。土，不仅是气候、土壤，还包括文化、地域。如今，城市居民对田园风光、乡土文化、民俗风情、农家美食等越来越向往。人们购买土特产，既满足美食美景的客观需求，也包含乡土乡愁的精神慰藉。令人惋惜的是，一些地方对独特生态、文化资源、地方风情没有充分开发，创意花样不多、乡土气不足。

做好“土”字文章，要打开视野，用好乡土优势资源，实现农业由“卖产品”向“卖风景”“卖温情”“卖文化”的转变。土，不代表没有创意。有的地方把田边不起眼的土产做成了乡村文创手信，有设计感也有情怀，让乡村风貌既看得见又带得走。土，不代表没有文化。有的茶园发展农文旅，不仅采茶制茶卖茶，也让消费者赏茶园、论茶道、品茶餐，茶园变公园。当下，农产品的生态价值、社会价值、文化价值日益凸显，要注重开发农业多种功能、挖掘乡村多元价值。

体现“特”，就是突出产品特色。当前，一些地方特色农业存在产能过剩压力，叫得不够响，销得不够旺。症结就在于，没有突出“特”。说是特产，其实周边很多地市乃至其他一些省份也有，在产品差异性上没有明显区分度，赶上集中上市，自然影响效益。

做好“特”字文章，一方面，要弄清本地家底，哪些有优势、需发挥，哪些有潜力、可培育，在产品上追求“错峰头”，在品质上追求“独一份”，在品种上追求“特别特”，在品牌上追求“限量版”。另一方面，也不能埋头只顾自己，还要看周边和全国，要从全局的产业布局和发展规划中找准定位和机遇。很多土特产最初的产值都不大，但恰恰越是小体量的时候越要做精，赢得口碑。要注意相似地区的产业动向，注重供需平衡，注重保持特色，防止短期快速扩大规模，导致品质下降、特色丧失。

形成“产”，就是建成产业、形成集群。土特产最终要成气候，就需要在发展中形成产业集群。近年来，发展比较好的特色产业，都建立在产业集群基础上。比如山东寿光，依托蔬菜产业集群，先是种植基地，后是产品集散、价格形成中心，逐步成为模式输出、标准制定中心，近年又向上游的育种领域延伸。

做好“产”字文章，尤其要延链补链，形成产业共同体，画出产业链的“微笑曲线”。不少地方的土特产还处于一种包装简陋、价格低廉的阶段。其实，从“披头散发进市场”到“梳妆打扮树品牌”，离不开产业链协同。不仅要把特色作物种好、特色畜禽养好，还要做好产后的分级包装、仓储物流、加工销售，从发展产品向发展产业转变，通过订单生产、入股分红等方式，让各类主体和广大农民参与其中，分享产业链增值收益。

（刊发于 2023 年 1 月 17 日时评版）

改善预期稳住农村消费基本盘

农历正月是消费旺季，也是观察消费动向的窗口。一个个集市，一件件快递，无不显示乡村消费的火热。如今，线上线下对乡镇和农村等下沉市场的争夺日益激烈，小镇青年和农村青年的消费能力获得市场认可。越来越多的人认识到，农村居民消费增长快，乡村是重要的消费增长点。

农业农村经济涉及的领域广、群体大，在扩大内需中，可挖掘的潜力非常广阔。目前，全国有近 2 亿人以农业为就业产业，有约 5 亿人居住在农村，这是农村消费的基本盘。在经济企稳回升的关键时刻，必须稳住农村消费基本盘，打通城乡经济循环堵点，以城乡之畅助力循环之稳。当前，乡镇和村两级消费市场占我国消费市场的 38%，把战略基点放在扩大内需上，乡村有巨大空间。有必要着力解决农村居民能消费、愿消费、敢消费、会消费问题，加快释放农村消费潜力。

农民人均消费支出增速连续多年超过城镇居民。国家统计局新近发布的数据显示，2022 年，全国城镇居民人均消费支出 30391 元，扣除价格因素，实际下降 1.7%；农村居民人均消费支出 16632 元，扣除价格因素，实际增长 2.5%。乡村振兴战略实施的头四年（2018 年至 2021 年），农村居民人均消费支出年均增长率接近城镇居民的

2 倍。现在农民收入虽还不是很高，但创造的消费增量已经和城镇居民相当。

农民消费水平的提高不仅是乡村振兴战略的成果，也是建设农业强国的应有之义。这几年，农民人均收入增速连续多年超过城镇居民，其边际消费倾向明显高于城镇居民。“以前缺啥买啥，后来有啥买啥，现在啥好买啥”，农村消费在升级，从不讲究转向不将就，生活改善型消费日益增多。全面建设现代化国家，几亿农民将整体迈入现代化，会释放巨大的消费潜能。据测算，随着农民收入持续增长，农村消费加快升级，预计每年可新增约 2 万亿元消费需求。

也要看到，农民人均消费仅为城镇居民的一半。不少农民担心靠天吃饭收入不稳，担心养老、医疗等大额支出，不敢消费。尽管相当数量的农民手头已有些积蓄，但他们多会捂紧口袋，中老年农民尤其如此。尽管农村消费整体在升级，但在欠发达地区的农村，消费仍以满足日常生活为主，享受型消费较少。尽管快递进村和农村电商发展火热，但传统农村消费市场硬件依然不足，经营品种少，业态单一，农民时常不得不进城消费。

解决能消费、敢消费问题，要有稳定增收的渠道、放心消费的预期。农民收入增加了，后顾之忧减少了，消费也就起来了。当前，农民收入主要是务农的家庭经营性收入和务工的工资性收入，前者要靠质量靠规模，后者要靠技能靠岗位。要在稳定产业和就业基础上，加强保障，深化改革，挖掘财产性收入和转移性收入空间，实现农民增收与消费提质良性循环。尤其要完善农村社会保障体系，健全城乡均衡的基本公共服务，从而提高应对不确定性的能力，敢于消费。

解决愿消费、会消费的问题，要有对路的产品供给、适宜的消费环境。着力农村消费硬设施改善、软环境优化，扩大电商和物流的农村覆盖率，不让大山阻隔消费热情。提高农村消费供给质量，规范农村市场秩序，让“康帅傅”远离农村，推动优质产品和服务下沉。市场主体应瞄准农民需求，用好移动互联网，培育更多消费新业态新模式，引导多元消费，增加便捷性和可选性。目标是让农民就地就近在县域乡村享受到与城市基本相当的消费环境，买到同样质量的商品。

（刊发于 2023 年 1 月 31 日时评版）

全面激活乡村要素市场

日前，中央政治局第二次集体学习时指出，充分发挥乡村作为消费市场和要素市场的重要作用，全面推进乡村振兴。刚过去的春节假期，人们见识了乡村作为消费市场的巨大潜力；在开局即决战的当下，有必要对乡村作为要素市场做些分析。

土地、劳动力、资本、技术、数据是五大生产要素。在相当长的历史时期里，由于城乡二元体制的存在，劳动力、资本、土地三大要素以低于市场价值的价格流向城市，支持了城市的繁荣。而城乡间的政策壁垒又阻碍了要素进入农村，制约了农业农村发展。近年来，国家完善强农惠农富农政策体系，积极引导要素向乡村流动，农村“失血”的局面已有很大改善。

当前，城乡发展不平衡对经济向更高质量跃升形成重要挑战。原因在于，城乡要素存在结构性错配，造成全要素生产率损失。构建新发展格局，要从要素配置角度来认识城乡关系，以畅通要素循环助力城乡协调发展。要全面激活乡村要素市场，以城乡要素的合理流动和平等交换，提升城乡产业链供应链价值链：既唤醒农村沉睡的资源，让农村剩余要素充分参与经济循环，又把城市先进要素导入农村，与农村资源有机配对。

城乡要素天然具有差异性和互补性，可以转化流动。城镇化会伴有“城市病”，其实乡村也有“乡村病”。不同的是，前者一般是在快速发展中产生，后者一般是在发展趋缓中产生。前者是要素过于集聚，后者是要素过分流失，本质上都是要素与经济发展还不够匹配，要素结构还不尽合理。在现代化进程中，乡村并非城市的从属，也不是天然的要素洼地，其在粮食安全、生态保障、文化传承等方面具有独特功能。由此来看，更充分的城乡要素循环，既要靠政策扶持引导，也要有效实现城乡各自功能，尤其是充分挖掘乡村价值。

劳动者是生产力中最活跃的因素。农村转移人口进城，是城镇化发展的趋势。总体看，我国仍处在人口由乡村向城市集中的阶段。但是，乡村不能是记忆中的故园，也不能任其荒芜。实施乡村振兴战略，就是要防止人口过度流失导致乡村失去活力。过去常说的人口红利，很大程度体现在进城农民工上。亿万农民工正是工业化的动力和产业工人的主体。近年来，农民工流动呈现新特点，跨省外出务工的在减少，就地就近务工的在增加。畅通城乡劳动力流动，既要健全统一的人力资源市场体系，提高进城农民工的职业素质和就业技能；又要注重解决农村人口老龄化问题，引导愿务农的留乡，有条件的农民工和大学生返乡。

诸多要素中，土地受到的关注度最高。土地是农村天然具有的宝贵资源，也是过去乡村“失血”较多的领域。我国土地要素市场还不完善、在城乡间发展不平衡，特别是集体建设用地此前长期被排斥在土地市场之外。2019 年修订的土地管理法允许农村集体经营性建设用地直接入市。但是，不少村庄规划滞后，合法入市主体缺失，增值收益分配机制不健全，影响了土地市场进程。《中共中央国务院关于加快建设全国统一大市场的意见》强调打造统一的要素和资源市场，第一个提到的就是健全城乡统一的土地和劳动力市场。今后要深化农村土地制度改革，稳妥有序推动集体经营性建设用地入市。

经济学认为，要素总是流向回报率高的地区和部门。从这个角度来看，城乡要素均衡布局、合理流动，必须要有良好的政策环境，同时也要有相对稳定的回报预期。比如，吸引人才返乡，固然要靠政策引导和乡情乡愁，更要让农村有利于创业创新，助力人才在乡村实现自我价值；而农村集体经营性建设土地入市，也要改变“土地取之于农，收益主要用之于城”的情况，要让农民和农村集体充分享受土地增值收益。

（刊发于 2023 年 2 月 7 日时评版）

如何看待猪肉价格波动

今年以来，猪肉价格一直处于下跌状态，这在节日消费旺季并不多见。国家统计局2月10日数据显示，1月猪肉价格环比下降10.8%，降幅比上月扩大2.1个百分点。国家发展改革委发布，全国猪粮比价进入过度下跌一级预警区间，将启动中央冻猪肉储备收储。业内普遍认为，这有利于稳定养殖预期，使产能和价格保持在合理区间。在此情况下，读懂猪肉价格波动的复杂性，更有利于生产和市场稳定。

猪周期存在的首要原因在于猪肉特殊的价格弹性，需求价格弹性低而供给价格弹性较高。所谓需求价格弹性低，比如猪价上涨后，消费当然会减少，但选择其他替代肉类的余地有限、倾向不足，导致消费减幅远小于价格涨幅。由于消费习惯，我国人均猪肉消费量为世界平均水平的2倍。猪肉常年占我国肉类消费的60%以上，即使在价格大幅上涨的年份，其占比也仅下降几个百分点。同理，价格大幅下降以后，消费增幅也有限，加之冻肉储备保质期短、最长为10个月，容易为进一步下跌埋下隐患。

所谓供给价格弹性高，是指价格大幅涨跌后，养殖环节更容易反应过度，造成供给大幅波动。养殖场户对接近成本线之后的波动特别敏感。因为超过成本之后涨价的部分都是利润，跌破成本之后降价的部分都是亏损。地方养殖政策不稳定、自身生产周期长、重大动物疫病影响等因素更放大了这种效应。所谓养殖政策不稳定，一些地方用地政策摇摆，一些地方不鼓励养猪。所谓生产周期长，由后备母猪到仔猪育肥出栏需要一年半，生产惯性大。而重大动物疫病不仅影响当期产量，更在一段时期里让养殖户不敢养。上轮超级猪周期就起源于非洲猪瘟疫情。

在我国畜禽产品中，猪肉价格波动最复杂。所谓复杂，不单是波动大，还指大小周期叠加，频率和幅度转化。去年 2 月，猪粮比价同样进入过度下跌一级预警区间，猪肉收储随之启动。同年 10 月，触发过度上涨一级预警，11 月中旬回落至二级。总体看，2022 年猪肉产量增长 4.6%，价格下降 6.8%，为稳定物价发挥了作用。而全年生猪养殖头均盈利约 300 元，对调动养殖场户积极性也很有利。可见，在复杂性中找到行业健康发展的最大公约数，是可以做到的。

更好认识猪周期，才能更好穿越猪周期。价格起起落落，是市场经济的常态。避免价格大起大落，则是消费者和生产者的共同愿望。从历次猪周期来看，稳价格的关键在于稳生产，要更多用好产业和信息手段。

用好产业手段，控制成本是王道。生产成本是产业竞争力的重要指标。降低成本，养殖场户可以在价格波动面前更有应对余地，也利于消费者吃上平价猪肉。非洲猪瘟疫情前，我国生猪养殖成本约为每公斤 12.5 元，当前为 17 元。常年来看，每头母猪每年提供的育肥猪头数，中国仅为美国的 2/3，养猪强国荷兰则更高。加之饲料成本高、转化率低，使得我国养殖成本较美国等国更高。不管周期是上行还是下行，养殖场户都要通过升级设施、优化养殖、强化管理等实现降本增效。

用好信息手段，预期管理很重要。价格涨涨跌跌并不可怕，需要警惕的是短时剧烈波动。相对于事后调控，信息服务更重要，对稳定预期更有效、成本也更低。前几轮猪周期价格低迷时，有的信息缺失，有的信息“打架”，生产者有时无所适从，能繁母猪存栏降幅动辄百分之十几甚至二十。2021 年，多部委建立生猪全产业链信息权威发布制度。虽然 2021 年有 5 个月、2022 年有 4 个月生猪养殖经历较长时间连续亏损，但能繁母猪存栏量累计降幅仅为 8.5%，有效保护了基础产能。今后对生猪价格要坚持“调高”与“调低”并重，充分释放信息和做好预警，以供应稳保价格稳，以价格稳促供应稳。

（刊发于 2023 年 2 月 14 日时评版）

资本下乡勿忘联农带农初心

中央一号文件提出，完善社会资本投资农业农村指引，加强资本下乡引入、使用、退出的全过程监管。近日，有媒体报道了7家工商企业与江西1个村的投资故事，资本下乡成为社会关注的热点。

乡村振兴离不开多元投入，包括政府投入、金融投入和社会资本投入，相应的理想状态是财政优先保障、金融重点倾斜、社会积极参与。近年来，制造业、房地产、互联网等领域企业纷纷布局农业，成为乡村振兴的参与者。分析起来，资本下乡有的是政策驱动，有的是经营驱动，还有的是乡土情结，但都基于市场法则。其领域也在拓展，既有种养业、农产品加工流通、农业社会化服务，也有田园综合体、农村基础设施建设等。

支持社会资本进入农业农村是建设农业强国的需要。要与比我国户均经营规模大几十倍乃至上百倍的农业强国竞争，必须提高资源配置效率。在市场经济体制下，资本是带动各类生产要素集聚配置的纽带。资本下乡随之而来的资金、技术、管理、人才等要素正是传统农业所亟须的。当前，农业全产业链明显拉长，农村一、二、三产业加快融合，工商资本的进入大有可为，尤其是发展新产业新业态新模式。

不过，资本下乡也存在一些问题，应当重视。一些企业急于铺摊子，加上跨界务农，低估了困难和风险，一旦遭遇农产品价格走低而亏损，常不能履行与农民的协议，甚至有“跑路”的风险。一些资本下乡租赁承包地后擅自改变土地用途，存在“非粮化”“非农化”“圈而不用”等问题，影响粮食安全和农业产能。部分地区引入社会资本存在同质化竞争，相似投资项目过多，缺乏农民利益保障机制，对失信违约的惩罚力度不够。

农业农村的主体是农民。有必要规范资本进入农业农村的方式、领域，健全风险防范制度，避免农村出现大资本排挤小农户，避免企业挤压农民增收空间。要看到，鼓励工商资本下乡，鼓励的是适合企业化经营的领域。所谓企业化经营，是企业干起来有优势、有基础的资金技术密集型领域，农民干不了、干不好的产前产后环节。资本下乡当以资本所长补农业所短，以企业所长补农户所短，企业和农户要在产业链上优势互补。

正是基于此，近年来，有关部门出台社会资本投资农业农村指引，明确提出鼓励投资的重点产业和领域，并鼓励创新投融资模式。应当说，不管“红绿灯”如何设置，最终要让市场主体拥有更稳定的预期，知道哪里能去、什么能干，不碰红线底线，不与农民争利，避免违规行为。各地也要营造公平竞争的市场环境，创造良好稳定的市场预期，加强农村社会信用建设，增强社会资本的投资信心。

我国人多地少，宝贵的耕地资源是粮食生产的命根子。对工商企业进入农业的直接生产领域，特别是大规模流转土地的，更有必要做好全过程监管。要健全社会资本通过流转取得土地经营权的资格审查、项目审核和风险防范制度，保障农民利益。甄别有关企业的经营资质，是否具备应有的农业经营能力、资金实力、技术力量等。探索建立土地流转风险保障金，补偿因企业违约而损害的农民利益。无论区县还是乡镇，都不能超越发展阶段搞大融资、大开发、大建设。

总之，在乡村振兴中用好社会资本这支重要力量，发挥其正能量，防范可能带来的风险，是一道必答题。鼓励引导资本下乡是认真的，对资本下乡全过程监管也是明确的。发挥资本下乡的积极作用和为其设置“红绿灯”，都是为了让农业农村更好发展，使企业和农民都能受益。资本下乡理应带动农民而非代替农民，不跟农民抢资源、抢市场，而要用好资源、做大市场。

（刊发于2023年2月21日时评版）

严保耕地须良田粮用

自然资源部日前表示，耕地将成为2023年卫片执法的三大重点之一。针对13个粮食主产省份和5个耕地保有量较大省份，将实现年度内两次耕地全覆盖亚米级遥感影像监测。今年中央一号文件提出，探索建立耕地种植用途管控机制，明确利用优先序。随着春耕备耕渐次展开，眼下正是遏制耕地“非农化”、防止“非粮化”的关键期。

耕地，支撑着十几亿人的粮食安全，维系着中华民族的永续发展。如何管好用好耕地始终是全局性问题。10年间，净减少1.13亿亩，质量总体不高，重心继续北移……国土“三调”摸清了耕地家底，反映了面临的严峻挑战。针对此，中央对耕地保护的要求非常明确，提出“18亿亩耕地必须实至名归”，要落实“长牙齿”的耕地保护硬措施。

2021年下半年以来，自然资源部、农业农村部出台一系列制度规定，显示出国家在快速扎紧耕地保护的篱笆。2022年中央一号文件提出，实行耕地保护党政同责。此前，党政同责已覆盖安全生产、生态环境、粮食安全等领域，中央提出耕地保护党政同责，彰显了守住耕地红线的坚定决心。2022年，《黑土地保护法》实施，从启动立法到审议通过，速度之快历史少见。目前，全国有26个省份在不同层级探索推行田长制。

与以往文件相比，今年中央一号文件首次将耕地用途管控项目细化到“种植用途”。其背景在于，耕地对粮食安全的重要性越来越凸显，如果放任不管，面临的挑战也将越来越大。长期以来，部分地方更多强调占补平衡，注重对建设占用耕地进行补充，而忽视了进出平衡，对耕地流向园地、林地缺乏有效应对手段。一些地方占用永久基本农田发展林果业和挖塘养鱼，一些工商资本大规模流转耕地改变种植用途造成耕作层破坏。

“非农化”“非粮化”常被一并提起，其实两者有明显区别。遏制耕地“非农化”，就是严控耕地转为建设用地，确需占用的落实占补平衡。防止耕地“非粮化”，就是严控耕地转为其他农用地，确需使用耕地的落实进出平衡。不同于遏制“非农化”，防止“非粮化”更复杂，涉及农业内部的利益关系，涉及粮食安全和农民收入的关系，涉及用途管制和自主经营的关系，处理起来颇不易。但有一点是共识，即落实进出平衡要求，对种植用途管控和引导，可以防止大量优质耕地从原有的长期种粮转向其他农业用途。

防止耕地“非粮化”，不是说耕地只能种粮，而是说要优先种粮，做到良田粮用。一些地方一些时段存在的耕地“非粮化”问题，是诸多因素作用的结果。有的虽可能对地方农业经济有好处，但对国家粮食安全有影响。我国现有耕地19.18亿亩，其中15.46亿亩已划为永久基本农田，10亿亩已建成高标准农田。中央明确规定，耕地主要用于粮食和棉、油、糖、蔬菜等农产品及饲草饲料生产，永久基本农田重点用于粮食生产，高标准农田原则上全部用于粮食生产。其实，很多农业形态可以利用其他农用地，不一定非是耕地。例如，林果业可以上山下坡，利用“四荒”资源，也降低了用地成本。

防止耕地“非粮化”要运用多种手段，既要采取过硬的措施办法，也要采取适当的经济手段；既要用好管控型工具箱，也要用足激励型工具箱。要完善农业价格、补贴、保险三项政策，健全社会化服务体系，提高耕地承包权人、经营权人的积极性，通过规模增效、提质增效、营销增效，让种粮多得利，用好每寸耕地。要注意的是，在落实高标准农田逐步回归种粮时，不能搞“一刀切”“翻烧饼”，要合情合理、实事求是，既要在国土空间规划中明确恢复耕地空间，也要综合考虑农民意愿、作物周期、市场状况等因素，稳妥有序推进耕地恢复。

（刊发于 2023 年 2 月 28 日时评版）

为什么要强调农资保供稳价

今年政府工作报告提出，完善农资保供稳价应对机制。眼下，春耕备耕正由南到北陆续展开，北方开始备种备肥，南方开始施肥打药，农资购销逐步进入旺季。

今年，农资供应能满足春耕需求，主要化肥品种供应稳定。不过，化肥价格仍高于常年水平。以 2 月 6 日为例，尿素批发价同比上涨 6.4%，磷酸二铵、复合肥均上涨 5% 以上，氯化钾上涨 4.2%。目前，春耕用肥高峰期还没到来，价格还存在波动的可能性。着眼当前和长远，完善农资保供稳价应对机制很有必要。

农资是农业的物化投入，涉及种植业的化肥、种子、农药以及畜牧业的饲料、兽药等。如今农业生产已进入高成本阶段，粮食作物的农资投入占整个生产投入的 28% 以上，园艺作物、畜禽养殖的占比则更高。尽管近年来部分农产品价格有所上涨，但总体低于农资价格涨幅。农资价格高位运行已成为影响农民务农增收的最大因素之一。

农资保供稳价关系农民切身利益和农产品供给。中央财政 2021 年、2022 年分别下发 200 亿元、400 亿元，对实际种粮农民发放一次性补贴，目的就是缓解农资价格上涨的影响，调动农民种粮积极性。这种补贴没有直接干预农资和农产品价格，也没有扭曲市场机制，不失为农资保供稳价的一种探索。今后，要完善农业补贴与农资价格联动机制，明确联动条件和范围，适时给予补贴。

化肥是农资保供稳价的焦点，减氮、控磷、增钾是科学施肥的趋势。我国氮肥产能充足，磷肥也能自给，钾肥则大部分需进口，且集中在少数国家。化肥生产离不开煤、电、气、硫磺、磷矿石等能源和原料。2022 年，受俄乌冲突等影响，全球钾肥一货难求。2023 年，外部环境依然充满不确定性。完善农资保供稳价应对机制，正当其时。

首先是产能。只有产量充足，价格才会稳定。应充分考虑化肥产品支农属性，稳定化肥生产企业的要素供应，在电价、用气、购煤等方面，给予化肥生产企业倾斜支持。在符合环保、安全生产等要求的前提下，推动企业缩短停产时间，提高产能利用率。要部门和地区联动，重点解决钾肥挖潜扩能、硫磺等原辅料保供等问题。

其次是储备。化肥始于工业、用于农业，淡旺季分明。要建立科学合理的“淡储旺供”调控体系，淡季收储、旺季投放，发挥“蓄水池”作用，缓解供需矛盾。同时，帮国家化肥商业储备承储企业解决生产方面的实际困难。相较于氮磷，钾肥更易受国际市场影响。2014 年，我国建立了钾肥国家战略储备。随着国际形势的变化，进一步完善钾肥储备机制迫在眉睫。

最后是流通。优化供应链有助于降本增收，畅通干线运输和末端流通同样重要。供销社系统是农资供应的主力军，一些省份的供销社送货下乡，河南省供销社酝酿组建全省重要农资采购联盟，这些压缩流通层级、提高流通效率的做法都是有益探索。从农民的角度来看，适度规模经营或委托农业服务主体代耕，都可以实现集中采购，降低成本。

此外，规范农资产品市场秩序也必不可少。现在，农资市场劣币驱逐良币的现象在一定程度上存在。不少地方有机肥难以推广，一个原因是质量不过关的有机肥以低价占据市场。要发挥农资打假作用，既规范秩序、净化市场，也引导农民科学用药、合理施肥，生产出更多绿色优质农产品。

从总体来看，今年农资保供稳价面临诸多有利条件。农资生产企业对稳定产能有预期，各地稳定上游能源和原材料的举措实施。政策调控手段多样，储备调节和进出口调节日益成熟。化肥行业供给侧结构性改革推进，农民的化肥农药减量增效意识提高。在加快建设农业强国的关键之年，有能力做到稳农资从而稳农业。

（刊发于 2023 年 3 月 7 日时评版）

后 记

光阴似箭，日月如梭。《三农瞭望》专栏已刊出百余篇，按照一周一篇计算，这代表了两年时间。每到一些节点，总免不了主动或被动的总结。我并不是一个擅长总结的人，但却很乐意跟本书的读者交流。所以，愿借这一方园地，写下一些话、谈一些感受，与读者诸君分享。

自 2011 年从事“三农”报道至 2020 年 11 月开设专栏，时间恰好有 10 年。在开专栏之前，我时不时也写评论，有版面编辑约的，也有自己主动写的，一年下来篇数也不少。接到任务以后，起初并不是很明白专栏的意义。直到开始写了，才感到，雷打不动固定每周二见报，文章还要拿得出手，并不容易做到，顿感肩上责任之重。

现在回头来看，庆东社长和编委会领导选择“三农”作为专栏领域是很有眼光的。因为，“三农”值得。只有深刻理解了“三农”问题，才能更好理解我们这个党、这个国家、这个民族。中央一贯重视“三农”工作，强调农业农村农民问题是关系国计民生的根本性问题，坚持把解决好“三农”问题作为全党工作重中之重，把解决好吃饭问题作为治国安邦的头等大事。我理解，这关系全民吃饭问题、国民经济基础，涉及农村社会稳定、亿万农民利益。

专栏定位是立足于新近发生的“三农”大事，既有事实判断，也有价值判断，追求“三农”情怀，力求严谨准确，有一定的理论性和思辨性。想来，看这本书的，多是关心“三农”的人士或本身就是业内人士，可能会对专栏的覆盖面有所疑惑。这里有必要解释一下：考虑到经济日报的专业定位，故对经济话题以外的“三农”内容涉及并不多，即使涉及也是从经济视角来写的。考虑到本报同时开设有《粮食大事》专栏，故对粮食话题的内容涉及也不多，即使涉及也是写其他话题时捎带的。

专栏的写作过程是个自我提高的过程，按照自己对选题的理解，一期一期写来。每篇写作时长不一、水平各异，但总体还是较认真的。当然也常感不足和缺憾。这些不足，有选题层面的，有分析层面的，有行文层面的，有传播层面的。这些缺憾，有水平层面的，有精力层面的，有机缘层面的，有客观层面的。尽管如此，我始终相信专栏的经营是个长跑，有考验才会有坚持，有不足才会有提高。专栏倒逼作者形成了思考的习惯，让人更敏锐地注意业界动态和读者关切，这无疑会让职业生涯长久受益。在此，还请各位方家对本书稿件多给予批评和指点，我也会继续努力。

最后是感谢。执笔专栏以来，深感报社给予的信任和重任，也感谢各位领导和同事的指导和帮助。特别致谢我本人所在的产经部诸位同事以及专栏所在的时评版编辑团队。谢谢帮我建议选题、修改稿子、斟酌题目的老师们。谢谢农业行政部门、农村经济研究、农业科技教育等农业各条战线的领导和专家们。

乔金亮
2023 年 3 月